Helmut Engisch

# Ein Mönch fliegt übers Schwabenland

Helmut Engisch

# Ein Mönch fliegt übers Schwabenland

*Ergötzliche Geschichten von gescheiten und gescheiterten Schwaben*

Theiss

Die Deutsche Bibliothek – CIP-Einheitsaufnahme

**Engisch, Helmut:**
Ein Mönch fliegt übers Schwabenland : ergötzliche Geschichten von gescheiten und gescheiterten Schwaben / Helmut Engisch. – Stuttgart : Theiss, 1996
ISBN 3-8062-1270-8

Umschlaggestaltung: Neil McBeath, Kornwestheim
unter Verwendung einer Zeichnung
von Adrian Lacour, Stuttgart
Lektorat: Bärbel G. Renner, Tübingen


Gesamtherstellung: Ebner Ulm
Printed in Germany
ISBN 3-8062-1270-8

# Inhalt

„Unser Herrgott hot ällerhand Kostgänger."

*Agnes Minch*

# Der Hochstapler von Heiningen

*Johann Georg Frasch,*
*Schafknecht, Wunderdoktor, Hellseher,*
*Geisterbanner und Großbetrüger*

Kaum zwei Tage lag der Landwirt Andreas Kauderer auf dem Friedhof des Dörfchens Heiningen in seinem Grab, da hätte auch seine trauernde Witwe um ein Haar der jähe Schlag getroffen. Grübelnd und ihren schweren Schmerz mit leichtem Most betäubend saß sie am Stubentisch, als sie plötzlich recht seltsame Geräusche hörte. In der Kammer neben der Stube regte sich ein sanftes Klopfen. Ausgerechnet dort, wo die Leiche ihres Andreas so friedlich auf blütenweißem Leinen gelegen hatte, bevor sie ihn in seinen Schragen gelupft und ein für allemal aus seiner diesseitigen Wohnung hinausgetragen hatten. Nun aber schien es in seiner Sterbekammer noch einmal recht lebendig zu werden, denn das Klopfen steigerte sich mit der Zeit zu einem heftigen Poltern. Und der Witwe Margaretha wurde es mindestens so bang wie damals, als sie ihrem Andreas vor dem Altar der Heininger Kirche das Jawort gegeben hatte.

Aber sie wußte sich zu helfen. Sie griff vor Schreck nicht nur an ihr ängstlich bebendes Herz, sie langte auch immer beherzter nach dem Mostkrug. Worauf sich die eigentümlichen Geräusche mit der Zeit tatsächlich verflüchtigten. Und als die Tapfere spät in der Nacht ihre ganze Courage zusammennahm und in die Schlafkammer hinüberging, um ihr müdes Haupt in den Haipfel zu drücken, da war weder unter dem Bett ihres Dahingeschiedenen noch unter ihrer eigenen Bettlade irgend etwas Verdächtiges zu entdecken. So legte sich die Witwe Margaretha Kauderer seufzend in ihr Bett, verrichtete wacker das Nachtgebet, fiel bald auch in den ersehnten Schlaf und träumte von den bittersüßen Zeiten der ehelichen Zweisamkeit.

Am Abend des nächsten und auch des darauffolgenden Tages aber mußte die Bedauernswerte wieder dieses geheimnisvolle Klopfen und Poltern vernehmen. Und weil die Margaretha Kauderer ihren Mostvorrat nicht über Gebühr strapazieren wollte, bat sie ihre beiden schon erwachsenen Söhne Michael und Andreas, ihr Bettgestell aus dem ehelichen Schlafzimmer hinaus und in eine andere Kammer des recht geräumigen Bauernhauses zu schaffen. Im Stillen aber überlegte sie hin und her, ob es vielleicht nicht doch sein könnte, daß ihr verstorbener Mann auf seinem Weg ins Paradies von irgendeiner bösen Macht aufgehalten werde und vorerst noch ein bißle an der Stätte seines Erdenlebens umgehen müsse. Von solchen Dingen nämlich hatte sie schon des öfteren gehört, und sie glaubte tief drinnen in ihrem schlichten Herzen halt nicht nur an die Allmacht Gottes, sondern ebenso fest auch an die weniger segensreichen Mächte des Bösen.

Außerdem hatte sie beim Leichenschmaus erfahren müssen, daß ihr Dahingeschiedener sich zu Lebzeiten des öfteren damit vergnügt hatte, im Schutz der Nacht heimlich diesen oder jenen Grenzstein zu versetzen, um so sein ohnehin ansehnliches Hab und Gut mit geringer Anstrengung um einige Quadratfuß zu mehren.

Als sich das Poltern in der dritten Nacht gar zu einem fürchterlichen Krachen steigerte, da gab es für sie keinen Zweifel mehr: Ihr Mann war dazu verurteilt, als

Geist umzugehen und nachtwandelnd für seine Sünden zu büßen.

So sicher sich die Margaretha Kauderer in ihrer Geisterfurcht war, so glücklich war sie darüber, daß es im Dorf einen gab, der sich mit derlei Erscheinungen bestens auskannte. Einer, der sich nicht nur als Wunderheiler, sondern auch als Experte für alles Übersinnliche einen Namen gemacht hatte – weit über die Grenzen des kleinen Dorfes Heiningen und selbst des Göppinger Oberamts hinaus. Das war der Schäfer Johann Georg Frasch, der vor einem Jahr erst von seinen weiten Wanderschaften heimgekehrt war in seinen Heimatflecken und sich seither so manchen guten Gulden verdient hatte mit seinem wundersamen Wirken, das er Mensch und Vieh mit ungefähr gleich großem Erfolg angedeihen ließ. Auch am unseligen Andreas Kauderer hatte er wacker seine Heilkunst erprobt, nur leider ohne den erhofften Erfolg. Was das frische Holzkreuz draußen auf dem Friedhof eindrucksvoll bezeugte. Doch vielleicht, so hoffte die Witwe zuversichtlich, würde dem Wundermann und Schäfer wenigstens beim Toten eine segensreiche Behandlung gelingen.

Flehentlich also bat sie den Vielbeschäftigten um seinen wunderwirkenden Beistand. Und der zeigte sich auch schon recht gut im Bild über die Problemlage im Hause Kauderer. Für gewöhnlich, so erläuterte er der Hilfesuchenden, müßten Leute, die zu Lebzeiten Grenzsteine verrückt hätten, wohl so runde 70 Jahre als Geister umgehen. Dennoch sei nicht alle Hoffnung eitel, denn er könne den Bedauernswerten ohne weiteres aus dem Jenseits herbeizitieren und ergründen, ob da nicht doch etwas zu machen sei. Einstweilen solle sie sich nur beruhigen, stärkte er die bedauernswerte Frau, und den nächtlichen Geistererscheinungen vorerst mit ausgiebigem Beten begegnen. So etwas helfe immer. Und für den Fall des Falles solle sie sich nur schleunigst einen nagelneuen Sack beschaffen. Damit wolle er bei Gelegenheit den Poltergeist fangen und aus dem Haus schaffen. Von Herzen dankbar machte sich die Witwe auf den Heimweg und harrte gestärkt der Dinge, die da kommen sollten.

Für ein paar Wochen durfte sie sich tatsächlich einer ungestörten Nachtruhe erfreuen. Doch genau an jenem Freitagabend, den der Schäfer Frasch ihr prophezeit hatte, ging's von neuem los mit dem unheimlichen Lärmen. Und noch heftiger rumorte es als je zuvor. Mit aller Inbrunst beteten die Hinterbliebenen nun gegen die Umtriebe ihres Wiedergängers an. Als der Unermüdliche nach einer knappen Stunde endlich mit seinem Lärmen nachließ, da riskierte der todesmutige Sohn Michael doch einen Blick hinaus zur Stubentür. Und auf dem Hausgang sah er nun trotz beträchtlicher Dunkelheit tatsächlich eine weiße Gestalt, die vor seinen schreckgeweiteten Augen in höchster Eile die steile Stiege abwärts hetzte und durch die Haustür in der mondlosen Finsternis entschwand.

Mindestens so eilig stürzte die Mutter jetzt samt ihren Kindern Michael, Andreas und Katharina zum Schäfer hinüber, um ihm von der Wiederkehr des Nachtgespenstes zu berichten. Der aber wunderte sich nur wenig über die neuerliche Nachtruhestörung, bat in aller Ruhe um den Geistersack und machte sich an sein schwieriges Geschäft. Es verging keine halbe Stunde, da war der Geisteraustreiber schon wieder retour und meldete einen schönen Erfolg. Er habe den Geist im Sack aus dem Haus getragen und ihn vorerst im Stall deponiert. Das sei dem Nachtgespenst zwar ganz und gar nicht recht gewesen, doch habe es sich schließlich ins

Unvermeidliche schicken müssen. Um Mitternacht nun, kündigte der Schäfer an, werde er den Unseligen noch weiter forttragen und ihm ein Baumwiesle mit angrenzendem Äckerle, beides im Familienbesitz der Kauderers, als sein neues Spukrevier zuweisen. Dort müsse der Ruhelose sich die nächsten 70 Jahre zwar weiterhin mit nächtlichem Marksteinversetzen befassen, die Rückkehr ins Haus aber sei ihm dann ein für allemal verwehrt. Und so durften sich die Dankbaren eine geraume Zeit nach Mitternacht auf den Heimweg machen und fortan die Ruhe in ihrem so glücklich geisterbefreiten Haus genießen.

Für Gotteslohn allein hatte der Schäfer Frasch sich allerdings nicht der aufwendigen Mühe der Geisteraustreibung unterzogen. Und die Kauderers waren sich auch vollkommen im klaren darüber, daß eine so ungewöhnliche Art der Nachbarschaftshilfe nicht umsonst sein konnte. Mit Freuden erließen sie dem Schäfer deshalb eine Heuschuld über 80 Gulden und obendrein den Geldwert von vier Eichen, den der Schäfer dem Verstorbenen schuldig geblieben war. So ganz und gar zufrieden aber zeigte sich der Geisterexperte mit diesen doch recht ansehnlichen Gaben nicht. Das Obstgütle und das Äckerle seien ihm außerdem noch recht willkommen. Und allzuviel wert sei dieses Land doch mittlerweile sowieso nicht mehr, als Wohn- und Tummelplatz des ruhelosen Geistes. Die Söhne Kauderer murrten zwar ob dieser Gütergier ein wenig, die Mutter aber sprach das Machtwort, und der Frasch bekam sein Sach'. Und auch sein Vorschlag, das etwas anrüchige Geschäft als offiziellen und unverdächtigen Kauf zu tarnen, fand Gehör. So wurde der Geisterhandel zum ehrlichen Immobilienkauf erklärt und am 29. April des Jahres 1844 gerichtlich bekräftigt.

So einträglich diese Gespensterjagd im Hause Kauderer für den Heininger Wunderheiler und Geisterbeschwörer auch gewesen war, sie war nur das harmlose Vorspiel zu einem Betrug von geradezu schwindelerregendem Ausmaß. Die Ouvertüre zu einem Gaunerstück, mit dem sich der Schäfer Johann Georg Frasch im Jahr 1845 einen ersten Platz erwarb in der Ruhmeshalle der erfolgreichsten Hochstapler und Finanzbetrüger aller Zeiten. Und die Konkurrenz in diesem Genre war auch zu seiner Zeit schon recht beträchtlich.

Immerhin hatte sich dieser Johann Georg Frasch in zarter Jugend schon gründlich auf seine Karriere als Großbetrüger vorbereitet. Bereits in der Schule fiel der Knabe, der am 2. Januar des Jahres 1817 in Heiningen am schwäbischen Albrand zum ersten Mal ins helle Licht der Welt blinzelte, mit seiner einschlägigen Begabung auf. Ob Schreibpapier, Obst oder Schreibfedern, was er nur erwischen konnte, stibitzte er frech seinen Schulkameraden. Und wenn der Lehrer ihn wegen dieser kleinen Eigentumsdelikte zur Rede stellte, dann hat das Schorschle mit einer frühreifen Meisterschaft im „Lügen und Verstellen" überzeugt. Mit dem Schreiben dagegen haperte es bei ihm eher, denn er mußte oft die Schule schwänzen, um seinem Vater beim anstrengenden Geschäft des Schafehütens beizustehen. Dafür lernte er dabei für seine spätere Karriere weit Nützlicheres als in der Heininger Dorfschule.

Jedenfalls wurde der Johann Georg Frasch im Jahr 1830 in der Heininger Dorfkirche in allen Ehren konfirmiert und durfte sich von da an ganztags dem Ernst des Lebens widmen. Der aber zeigte sich bald recht streng, denn kurz nach der Konfirmation starb der Vater, und der Georg mußte sich auswärts als Hirtenbub verdingen. Seine Mutter hatte auch ohne ihn Not genug, seine sechs Geschwister vor dem Elend des Hungers zu bewahren.

Als Jungschäfer schlug sich der 13jährige nun mehr schlecht als recht durch, und er nützte dabei auch so manches Mal die Gelegenheit, ein Lämmlein von der ihm anvertrauten Herde abzuzweigen, um es auf eigene Rechnung und auf eigenen Gewinn ans Metzgermesser zu liefern. So konnte es nicht ausbleiben, daß er bei seinem Geschäft nicht nur die lichtklare Weite der Schwäbischen Alb ausgiebig kennenlernte, sondern bald auch die Enge der bei weitem nicht so hellen Gefängniszellen des Württemberger Königreichs.

Von seiner Weide bei Heuchstetten weg holten ihn in den ersten Januartagen des Jahres 1837 die Gendarmen, und zehn Tage später schon war er wegen Unterschlagung zu drei Monaten Gefängnis verurteilt. In seiner Zelle konnte er nun in aller Ruhe Lebenspläne schmieden. Und als ihm im Mai der liebliche Duft der Freiheit wieder um die Nase wehte, da schnitt er sich einen Wanderstecken und machte sich auf den Weg ins Ausland. Im Preußischen fand er bald eine Stelle als Pfarrknecht, und dort machte er auch eine Begegnung, die für sein späteres Leben mindestens so bedeutend war wie sein erster Fortbildungsaufenthalt im Gefängnis. Der Schafknecht freundete sich mit einem Zigeuner an. Dieser führte ihn bereitwillig in die Anfangsgründe der Hellseherei ein und verkaufte ihm zur Bekräftigung seiner Lektionen und zum Abschied ein „Planetenzeichen" samt dazugehörendem Handbuch. Und es dauerte nicht lange, da hatte sich der Wahrsager in spe in der Kunst der Sterndeutung schon eine gewisse Meisterschaft erworben.

So ausgerüstet, machte sich der Nachwuchs-Magier nun frohgemut wieder auf den Weg in Richtung Heimat. Auf dem Friedrichshof beim Dörfchen Weiler in der Nähe von Weinsberg fand er eine neue Stelle als Schafknecht, und dort konnte er beim Kurieren einer hinfälligen Kuh und eines müden Stiers auch schon erste Heilerfolge verzeichnen. Ganz ohne den massiven Einsatz magischer Kräfte aber hat er auf dem Friedrichshof die Elisabeth Ebner aus Stetten im Remstal bezaubert und das resche Mädle am 5. Februar des Jahres 1839 dann auch geheiratet.

Vier Jahre nach der Hochzeit zogen die beiden dann mit einem armselig dünnen Bündel zwar, aber mit der herrlichen Hoffnung auf bessere Zeiten nach Heiningen, um sich dort als Bauersleute häuslich niederzulassen. Ganz so gemütlich wie erhofft allerdings, hat sich dieser Neubeginn nicht angelassen. Kaum hatten sich die zwei in Heiningen so einigermaßen eingelebt, da streckte das Gesetz seinen Arm abermals nach dem Schlawittchen des Johann Georg Frasch aus, und er wurde mitten aus seinem inzwischen schon recht schön florierenden Einmannbetrieb für Zauberkuren und Heilverfahren aller Art gerissen. Der Schafhalter Holzwarth von Necklinsberg, nicht weit von Rudersberg, hatte seinen ehemaligen Herdenknecht wegen mehrfacher Unterschlagung angezeigt. So mußte der Heininger Neubürger nach Ulm vors Gericht und konnte es dort trotz seiner magischen Fertigkeiten nicht verhindern, daß er als Rückfall-Betrüger zu acht Wochen Gefängnis verurteilt wurde und seine bürgerlichen Ehrenrechte verlor. Was ein verschmerzbarer Verlust war, denn solange der Frasch denken konnte, hatte er solche Rechte noch nicht gebraucht.

Wenigstens war die Auftragslage bestens, als der Wundermann wieder heimkam in sein nagelneues Haus, das er sich vom reichen Lohn für seine magischen

Bemühungen um die Gesundheit seiner Mitmenschen vor seinem Ulmer Zwangsaufenthalt gebaut hatte. Also konnte er sich schleunigst wieder ans einträgliche Geschäft machen. Und der Spezialist für die schmerzlose Behandlung von Brüchen und der nicht weniger lästigen Fallsucht erweiterte nun seinen Geschäftsbereich, empfahl sich seiner treuen Kundschaft fortan auch als Experte für die Enthüllung von Geheimnissen jedweder Art und Tiefe. So nahmen bald nicht nur die Kranken und Siechen der nahen und weiteren Umgebung seine Dienste gern in Anspruch, es vertrauten auch die Glücksspieler aus nah und fern auf die Kraft seines „Wunderspiegels" und ließen sich vom Schäfer von Heiningen die Gewinnzahlen der beliebten bayerischen Lotterie voraussagen.

Mit einem ganz besonders schwierigen Auftrag aber kam im April des Jahres 1845 der wohlhabende Landwirt Johann Georg Ott von Hüttisheim bei Laupheim nach Heiningen. Dieser Ott war nicht nur ein reicher Bauer, er war im Nebenberuf auch Kassier der Hüttisheimer Leihkasse, welche ein recht angesehenes Geldinstitut war, dem vor allem die reichen Bauern der Laupheimer und Ulmer Gegend ihr Gerstle anvertrauten, um ihm eine möglichst schnelle Vermehrung angedeihen zu lassen. Natürlich war der Georg Frasch augenblicklich von einer hochkonzentrierten Hellhörigkeit, als er erfuhr, welch einen finanzkräftigen und kreditmächtigen Mann ihm ein günstiges Schicksal da ins Haus geschickt hatte. Und er spitzte scharf die Ohren, als ihm sein Gast vertrauensvoll und in aller Ausgiebigkeit sein Problem vortrug.

Wenige Tage zuvor, so erzählte er, sei in die Hüttisheimer Leihkasse eingebrochen worden, und 150 Gulden seien dabei spurlos verschwunden. Zwar hätten die lokalen Fachkräfte die Sache brav und gründlich untersucht, trotz allen Eifers aber hätten sie auch nicht die flüchtigste Spur eines Einbrechers entdecken können. Deshalb solle der allmächtige Schäfer Frasch nun in seinem „Wunderspiegel" nach dem schändlichen Dieb fahnden. Eine Aufgabe, die wie geschaffen war für den Meister der mentalen Aufklärung.

Der aber griff nun nicht, wie erwartet, zu seinem berühmten „Wunderspiegel". Er langte nach einem eher unscheinbaren Holzkistchen, stellte es vorsichtig auf den Tisch, hob behutsam dessen Deckel auf und blickte lange und angestrengt in dessen eigentlich doch recht überschaubare Tiefe. „Das Geld ist fort, und es kehrt nicht mehr wieder", murmelte der Heininger Hellseher nach einem Viertelstündchen in einem leicht singendem Ton. „Es ischt verbaut." Kaum hatte der Ott diese Worte vernommen, da hätte es ihn beinahe von seinem Sitz gehauen. Das Geld ist verbaut, so hatte es der Wunderschäfer wahrhaftig in seinem Kistchen gesehen. Und genau so hatte es sich's der Ott auch vorgestellt. Schon am Morgen nach dem Einbruch hatte er ja einen Hüttisheimer Mitbürger der ruchlosen Tat verdächtigt, der sich beim Bau seines neuen Eigenheims schwer übernommen und hoffnungslos verschuldet hatte. Und genau so hatte es der Wundermann jetzt auch gesehen in seinem Holzkistle.

Blaß und baff war der Sparkassenrechner Ott und voller Bewunderung für diesen vorzüglichen Erforscher der verborgensten Geheimnisse. Und bevor man Abschied nahm, plauderte man vor dem Haus noch recht vergnügt über Gott und die Welt, und der redselige Ott erzählte seinem wackeren Helfer noch so manch Interessantes über das Leben und die Zustände in seinem Heimatflekken Hüttisheim. Wenig später dann, als der Gast endlich sein Fuhrwerk bestieg, da überraschte ihn der Schäfer noch mit der Mitteilung, ihm bis in ungefähr 14 Tagen auch den Namen des Täters nennen zu können. Natürlich stand der Ott zwei Wochen später wieder beim Frasch in der Stube. Und der gab ihm nun prompt eine detailierte Beschreibung jenes Mannes, den der Leihkassenkassier ohnehin längst im Verdacht hatte. Da war es keine Frage, daß er für diese wunderbare Leistung nicht nur mit bewegten Worten, sondern auch mit einem blanken Zwanzigfrankenstückle dankte.

Nicht ganz zwei Monate gingen ins Land, da trafen sich die beiden ganz zufällig auf dem Ulmer Roßmarkt wieder. Der Frasch hatte sich gerade in ein schmuckes Gäule verguckt und grämte sich erbärmlich, daß er nicht genug Geld mitgenommen hatte, um das rassige Rössle auf der Stelle kaufen zu können. Das war für den generösen Ott die Gelegenheit, sich beim Frasch zu revanchieren für dessen Hilfe bei der Entlarvung des Hüttisheimer Bankräubers. Ohne weitere Worte steckte er dem pferdevernarrten Schäfer 200 Gulden zu und vergaß im Überschwang seiner Großzügigkeit vollkommen, sich dafür einen Schuldschein ausstellen zu lassen.

Als nun gut vier Monate verstrichen waren und trotz einiger Mahnungen vom Pferdegeld noch kein gotziger Kreuzer den Weg nach Hüttisheim gefunden hatte, wurde der Gläubiger doch ein wenig unruhig. So nahm er anläßlich eines Geschäftsbesuchs in Göppingen die Gelegenheit wahr, seinen Schuldner ins Städtle zu laden, um die Sache gütlich zu bereinigen. Der kam, schloß seinen Gläubiger mit ungestümer Herzlichkeit in seine Arme und lud ihn ein auf einen Wiedersehenstrunk hinauf nach Heiningen. In freudiger Erwartung seiner 200 Gulden kletterte Ott zum Frasch in die

Chaise und bewunderte ausgiebig die feine Machart des Kütschle, in dem sich der Rosselenker mit seinem unverhohlenen Besitzerstolz recht breit machte.

Doch noch viel mehr als über des Schäfers feine Art, sich fortzubewegen, staunte der Nebenerwerbsbankier über die Geschichte, die ihm sein Chauffeur auf der Fahrt nach Heiningen erzählte. Er sei der reichste und zugleich der ärmste Mann, begann ihm der Frasch sein Leid zu klagen. Durch seine Hellseherei habe er sich in den vergangenen Monaten zwar so runde zehn Millionen Gulden in wohlklingenden Goldstücken verdient, doch müsse er seinen Reichtum noch so circa 30 bis 33 Monate ruhen lassen. Andernfalls sei er mitsamt seiner Seele des Satans sichere Beute. Nun ja, fuhr er fort, er habe ja glücklicherweise jederzeit Kredit. Er sei neuerdings eingeschriebenes Mitglied einer geheimen Gesellschaft in Stuttgart, der neben anderen edlen Herren auch der Schwiegersohn des Königs angehöre. So brauche er trotz der ihm auferlegten finanziellen Geduldsprobe Gott sei Dank nicht auf die kleinen Annehmlichkeiten des Alltags verzichten.

Und was der Schäfer Frasch mit diesen kleinen Annehmlichkeiten gemeint hatte, das durfte der biedere Ott staunend erleben, als er in Heiningen aus der Chaise stieg. Auf dem mächtigen Misthaufen vor des Schäfers Haus tummelten sich keine gewöhnlichen Hennen, sondern prachtvolle Pfauen und edle Hühnervögel französischen Geblüts. In seinen Stallungen standen fünf schwere Zugpferde und 21 Stück des schönsten Allgäuer Rindviehs. Doch so richtig gingen dem Gast die Augen erst über, als er das Haus des Frasch betrat. So mancherlei hatte sich auch dort seit seinem letzten Besuch zum Edleren gewendet. Mitten in der Stube stand ein Sofa von feinstem Damast, darum gruppierten sich schwere rotseidene Sessel. Und nicht weit vom Fenster strahlte in mattem Glanz ein nagelneues Klavier. Auf dem verstehe vorerst zwar noch niemand zu spielen, gab der stolze Besitzer auf Nachfrage kleinlaut zu, doch würden sich seine beiden Kinder bald eifrig den höheren musikalischen Künsten widmen. Der restliche Stubenraum war auch nicht gerade bescheiden möbliert, sondern geradezu vollgestopft mit allerlei Luxusartikeln der feineren Lebensart. Mehrere Standuhren ließen vornehm ihren Perpendikel baumeln, allerlei Gipsfiguren schmückten die Kommoden, und die Wände zierten Ölgemälde von gewaltigem Format. Auf einen knappen Wink des Hausherrn verschwand nun die Madame Frasch im Keller, und als sie zurückkehrte, sah sich der Gast genötigt, seinen Durst mit feinstem französischem Champagnerwein zu stillen.

So zwei oder drei Fläschchen Schampus hatte man intus, als der Gastgeber seinen Besuch ins Nebenzimmer führte und dort einen geräumigen Kasten öffnete, in dem ein prall gefüllter Leinensack sich vielversprechend wölbte. Mit leichter Hand griff der Hausherr hinein in des Sackes geheimnisvolle Fülle und hielt dem ganz und gar Verblüfften zum Beweis des Inhalts vier Golddukaten unter die verdutzte Nase. Und als der Besitzer solcher Reichtümer dann beim Öffnen des vierten Champagnerfläschchens abermals herzergreifend über die vermaledeite Ausgabesperre für all das schöne Gold und Geld klagte, da war es für sein Gegenüber eine Selbstverständlichkeit, ihm schnelle Hilfe zu versprechen. Und tatsächlich, er hielt Wort.

Wenige Tage nach diesem vergnüglichen und für den Hüttisheimer Leihkassenwart so aufschlußreichen Nachmittag kam ein Fäßchen mit 1200 Gulden beim Heininger Schäfer an. Doch war das nur die erste von zahlreichen weiteren Zuwendungen aus der Hüttisheimer Leihkasse, die dem Weltmann und Geldmann am Rande der Schwäbischen Alb erlaubten, in Freuden, Herrlichkeit und Luxus zu leben und dem Herrgott aller ehrlichen Schaffer und braven Grupper hochmütig zu spotten.

Allerdings wurde es dem Lebemann im biederen Bauernflecken Heiningen mit der Zeit doch etwas eng. So ein Tausendsassa wie er, das fühlte der Frasch tief in seiner wohlbetuchten Brust, war zu Höherem berufen. Und daß er es verstand, seine mannigfachen Talente in pures Gold zu verwandeln, das hatte er inzwischen schon oft bewiesen. Da wollte es nun der glückliche Zufall, daß ihm seine Frau eines Abends aus dem Blättle vorlas – die Kunst des Lesens nämlich hatte der Vielbeschäftigte noch immer nicht so recht gelernt. Darin stand, daß im Bayerischen ein hochpomfortionöses Rittergut, die Herrschaft Roth, feil und zu haben sei. Der Graf von Erbach, der Besitzer des herrschaftlichen Anwesens im Oberamt Laupheim, so war zu lesen, habe sich finanziell grob übernommen. Und der Winterbacher Immobiliengroßhändler Johann David Retter sei jetzt dabei, das schöne Anwesen zu verhökern, um dem adligen Herrn von seinem Schuldenberg zu helfen. Daß neben anderen Geldinstituten auch die Hüttisheimer Leihkasse in diese gewaltige Schuldensache verwickelt war, vernahm der Georg Frasch natürlich mit besonderem Genuß. Und als seine Lisbeth die Zeitung wieder zusammenfaltete und auf ihr perlenbesticktes Nähkörbchen legte, da faßte der Schäfer im stillen einen folgenschweren Entschluß. Irgendwie, und wenn es mit dem Teufel zugehen müsse, würde er sich diesen Herrensitz unter den Nagel reißen.

Gleich am anderen Tag ließ er seinem Hüttisheimer

Vertrauensmann melden, er habe ernsthaft Interesse an dem wohlfeilen Rittergut, und er solle ihn nur schnellstens mit dem Immobilienhändler Retter in Verbindung bringen. Und auch einen anderen freundlichen Bewunderer seiner weitgespannten Geschäftigkeit, den Klosterbeurener Bierbrauer Kramer, der zur Hüttisheimer Spar- und Darlehenskasse gleichfalls recht muntere Geschäftsbeziehungen unterhielt, weihte Frasch diskret in sein Vorhaben ein. Auch ihn habe er als vertraulichen Vermittler des bedeutenden Geschäfts ausersehen, beschied er den Bierbrauer, und er werde ihm seine Dienste beim Zustandekommen des Kaufs auf das Fürstlichste lohnen. So waren die ersten Schritte in Richtung Rittergut getan.

In diesen Tagen der geschäftigen Vorfreude auf den gewaltigen Coup weihte der größenwahnsinnige Schäfer auch seine Frau in seine ungeheuerlichen Pläne ein. Zuerst, so erklärte er ihr, werde er mit Hilfe des vertrauensseligen Ott und des geldgierigen Kramer die Verkaufsverhandlungen bis zur Unterschriftsreife vorantreiben. Die müßten dann gegen das Versprechen einer gewaltigen Provision an seiner Stelle den Kaufvertrag mit dem Retter unterschreiben. Beim Gütergericht aber werde er die Immobilie schließlich ganz offiziell auf seinen Namen eintragen lassen. Und damit sei er dann rechtmäßiger Besitzer des Ritterguts, seine zwei Helfershelfer aber die Dummen, denn an denen würden die Schulden aus dem privatrechtlichen Kaufvertrag dann bis zum Sankt Nimmerleinstag oder noch länger hängenbleiben.

„Schorsch, i glaub, jetzt bischt du vollends nieberg'schnappt", kommentierte die Elisabeth, die einen klaren und nüchternen Verstand hatte, dieses wunderliche Gedankengebäude. Und damit hatte sie natürlich recht. Doch so sehr sie ihren Ehegatten auch bedrängte, er hatte sich dieses Hirngespinst nun einmal in den Kopf gesetzt und machte sich bald mit aller Energie daran, sich rettungslos darin zu verstricken. Also bestürmte er mit seiner ganzen Überzeugungskunst seine beiden Opfer, vernebelte ihnen mit dem Versprechen einer astronomisch hohen Vermittlungsgebühr den Rest ihres Geschäftsverstands und sicherte ihnen auf Eid und Ehre zu, ihnen an jenem Tag, an dem er bei Gericht ganz offiziell als Besitzer der Herrschaft eingeschrieben werde, die zwei Millionen und 600 000 Gulden für die Herrschaft Roth auf den Tisch zu legen – und zwar in bar.

Nun hätte ein halbwegs nüchterner Geschäftsmann bei solchen Plänen zweifellos ganze Heerscharen von Nachtigallen einhertrapsen gehört und schnellstens die Finger gelassen von dem windigen Projekt. Die beiden mindestens so gutgläubigen wie geldgierigen Kumpane des Johann Georg Frasch aber gingen brav und blauäugig auf alle Vorschläge ihres falschen Freundes ein. Als der Immobilienhai Retter nach einiger Zeit, wie erwartet, gewisse Sicherheiten forderte, erklärte sich der Klosterbeurener Bierbrauer zum Mitkäufer, und der Hüttisheimer Leihkassier gönnte sich die Ehre, für den Erfolg des geplanten Geschäft mit seinem Hab und Gut zu bürgen. Zum Dank für solchen Wagemut durften die zwei nun den künftigen Rittergutsbesitzer samt Gattin bei den Ausflügen in die neue Heimat begleiten und das Geld für den nicht gerade bescheidenen Aufwand, der dabei getrieben wurde, gnädigst vorstrecken. Und keiner, der den Schäfer vierspännig und in feinstes Tuch gewandet über Land fahren sah, hätte es für möglich gehalten, daß derselbe Mensch einst im abgerissenen Schäferskittel seiner krummen Wege gewandelt war.

Nach einigen Wochen des Hin- und Herverhandelns war der Kauf tatsächlich soweit perfekt, und der Termin beim Gütergericht in Ulm bestellt. Inzwischen aber waren die Mitglieder der Hüttisheimer Leihkasse so gescheit geworden, ihren Kassier Ott nach Kräften zu bedrängen, seine Finger von dem wunderlichen Handel zu lassen. Und damit er die Tragweite ihres Entschlusses auch begreife, verlangten sie von ihm, daß er sich auf der Stelle aufmache nach Heiningen, um die bisher aufgelaufenen Schulden des dortigen Schäfers bei der hiesigen Darlehenskasse einzutreiben.

Daß der widerwillig folgsame Ott zu diesem Zweck die Postquittungen für seine regelmäßigen Geldlieferungen an den Frasch nach Heiningen mitnahm und sie seinem Schuldner mit Nachdruck auf den Stubentisch knallte, war so verkehrt nun eigentlich nicht. Daß er diese Belege aber auf dessen Stubentisch liegen ließ, als ihn sein Gastgeber in seiner bekannt unterhaltsamen Art zum Haus hinauskomplimentierte, das allerdings war weit weniger geschickt. Jedenfalls traute der Johann Georg Ott seinen Augen und Ohren nicht, als ihm sein Heininger Freund bald nach dem Besuch kaltschnäuzig mitteilte, er wisse von keinen Schulden bei der Hüttisheimer Kasse. Und wer ihm solches unterstelle, der müsse ihm dafür schon die schriftlichen Beweise liefern. Da endlich fiel es dem Gefoppten wie Schuppen von den Augen. Und wohl oder übel mußte er nun aufs Gericht, um seinen ach so wunderbaren Freund und Geschäftspartner anzuzeigen.

Wieder einmal machten sich nun die Büttel der Gerechtigkeit auf den Weg zum Heininger Schäfer, um ihn ohne Verzug ins Loch zu werfen. Knapp eineinhalb Jahre dauerte die Erforschung der weitverzweigten Betrügereien des Hochstaplers von Heiningen. Und als der

Ulmer Untersuchungsrichter den Schlußstrich ziehen konnte unter die ellenlange Liste der Gaunereien, deren sich dieser Johann Georg Frasch in seiner munteren Umtriebigkeit in nicht ganz zwei Jahren befleißigt hatte, da kam er auf die eindrucksvolle Betrugssumme von 32533 Gulden und 56 Kreuzer. Was in heutiger Währung so ungefähr einer Million entspräche. Jedenfalls war es genug, um den gottsmillionischen Schwindler Johann Georg Frasch im März des Jahres 1848 zu zehn Jahren Zuchthaus zu verurteilen.

Da der sich aber bei seinem Prozeß mit bewegten Worten und auch sonst recht gefühlvoll als armes Opfer widriger Schicksalsmächte und als ein Ehrenmann ohne Fehl und Tadel aufgespielt hatte, mußte er natürlich Berufung einlegen gegen diesen Richterspruch. Allerdings wurde ihm der Mangel an Reue und Einsicht sehr schlecht gelohnt. Am 20. Juni 1848 erhöhte das Königliche Obertribunal in Stuttgart die Strafe auf zwölf Jahre Zuchthaus und ließ den Großbetrüger von der Alb schleunigst ins Zuchthaus Gotteszell bei Schwäbisch Gmünd befördern. Die Hüttisheimer Leihkasse aber ereilte durch den Leichtsinn des Johann Georg Ott der Bankrott, der bedauernswerte Gläubiger selbst verlor Haus und Hof und flüchtete sich vor der Schande und Schmach mit seiner Familie nach Amerika.

Der Schäfer Johann Georg Frasch dagegen wußte sich's auch in seiner Zuchthauszelle recht gemütlich einzurichten. Er schmeichelte sich bei seinen Wärtern mit allerlei Artigkeiten ein und stieg bald zum Zuchthaus-Ausläufer auf. So wurde er mit allerlei Botengängen betraut und kam wieder regelmäßig unter d' Leut'. Mit dem Einverständnis und der tätigen Unterstützung eines ihm besonders gewogenen Aufsehers richtete er sich im Zuchthaus sogar eine kleine Wunderheilerpraxis ein. Und es ging nicht lange, da pilgerten die Mühseligen und Siechen zum Zuchthaus Gotteszell und ließen sich dort vom Wunderheiler Frasch medikastrieren. Nach einiger Zeit wurde dieses wunderliche Treiben aber ruchbar und Fraschs Praxis geschlossen. Sein Helfershelfer wurde des Dienstes verwiesen, und der Zuchthaus-Quacksalber bekam eine satte Strafverlängerung aufgebrummt.

Doch aus Jahren wurden Monate, aus Monaten Wochen und aus Wochen Tage, und eines Tages stand der Großbetrüger von der Alb wieder als ein freier Mann auf dem Boden seiner Heimat. Gemeinsam mit seinem neuen Eheweib, es war die Tochter des entlassenen Zuchthausaufsehers, wählte sich der inzwischen leicht angegraute Lebemann das Dorf Jebenhausen zum Wohnort. Er tat das durchaus mit Bedacht, denn den Flecken an der neuen Eisenbahn konnten seine treuen Patienten recht kommod erreichen. Vor allem an Sonntagen und Feiertagen war das „Lamm" in Jebenhausen nun das Ziel wahrer Wallfahrten von Heilungsuchenden. Und als Wunderdoktor und Wirt in Personalunion konnte der Geschäftstüchtige seine Kundschaft dort gleich doppelt schröpfen.

In ungeheuren Mengen verschrieb er seinen Patienten heimatliche Teemischungen von Schafgarbe, Melisse, Hagebutte und Kamille. Auch Magenbitter verordnete er gern, und zur Wiederherstellung des leidenden Großviehs rezeptierte er diverse Pülverle aus Enzian, Bittersalz, Lungenkraut und Eberswurz. Hunde-, Fuchs- oder Igelschmalz aber empfahl er für Mensch und Tier gleichermaßen und ließ diese Substanzen von den örtlichen Apothekern zum Einreiben mit Tannenzapfenöl verdünnen. Selbstbewußt und mit betonter Würde herrschte der Wunderheiler über sein gastfreundliches

Reich. Und mit seinem gepflegten Backenbart, mit seinem schwarzen Hauskäppchen auf dem Haupt, mit seiner biederen Art, sich zu kleiden, und mit seinem inzwischen recht bedächtigen und leicht ins Bigotte hinüberschillernden Wesen hätte man ihn leicht für einen etwas verbauerten Landgeistlichen halten können.

Von seiner in langen Jahren kultivierten Kunst des Schwindelns und Betrügens konnte er aber auch in Jebenhausen und trotz seines blühenden Geschäfts als Gastgeber und Wunderdoktor nicht lassen. Und als er sich einem seiner naiveren Gäste als Vermittler einer beträchtlichen Erbschaft andiente und sich auf diesem Weg wieder einmal ein recht achtbares Sümmchen erschwindelte, da war halt wieder einmal ein kleiner Zuchthausaufenthalt fällig.

Am 28. Januar 1877 jedoch hatte der Herrgott mit seinem ruhelosen Sünder ein Einsehen und erlöste den Johann Georg Frasch für immer von seinen unlauteren Leidenschaften. Und mindestens so inbrünstig wie über den Verlust eines stets freundlichen und unterhaltsamen Menschen trauerte eine beträchtliche Schar von Gläubigern um das endgültige Erlöschen ihrer Ansprüche. Die Jebenhausener und Göppinger Apotheker aber vergossen wirklich und wahrhaftig ehrliche Tränen am Grab des Entschlafenen. Ihnen wenigstens hatte der Heininger Schäfer mit seinen Verschreibungen zu einem ehrlichen und auch dauerhaften Wohlstand verholfen.

# Der Heilbronner Rathauskrieg

*oder der jähe Aufstieg*
*und abgrundtiefe Sturz des*
*Stadtschultheißen Paul Hegelmaier*

Mindestens so holprig wie das Straßenpflaster in den etwas abgelegeneren Gassen der Stadt war jenes Verslein, das die Bürger von Heilbronn am Donnerstag, dem 12. Juni 1884, auf einem Flugblatt zu lesen bekamen. Und auch sprachlich war das poetische Machwerk nicht so ganz hasenrein: „Vorüber ist nun Angst und Schweiß, Hegelmaier ist Stadtschultheiß!" Wahrhaftig, ein bescheidenes Beispiel politisch gefärbter Reimkunst. Aber so ist das nun mal bei den Schwaben: Wenn hemmungslose Begeisterung ihre Seele bläht, dann macht sich dieser Gefühlsüberdruck in aller Regel poetisch Luft. Und wenn es dabei auch zu kleineren Unebenheiten in der Formulierung kommt, wer wollte sie dafür schelten und ihnen aus schierer Pedanterie auf die nicht ganz so wohlgeratenen Versfüße treten.

Die Herzen von gut 2000 Heilbronnern jedenfalls waren an jenem Sommermorgen voll von der mächtigen Gärhefe des Glücks. Daß dieses Glück beim einen oder anderen verdächtig stark nach Trollingerdunst roch, lag in der Natur der Dinge und der Menschen. Und ein Schaden war das eigentlich auch nicht, eher im Gegenteil. Der Wein stärkt bekanntlich nicht nur die Seele, er kräftigt auch die Stimme. So konnten die Heilbronner immerhin mit aller Kraft und Stimmgewalt den glänzenden Wahlerfolg ihres Mitbürgers Paul Hegelmaier bejubeln, der am Tag zuvor mit eindrucksvollen 79 Prozent der Stimmen an die Spitze der Bürgerschaft gewählt worden war.

Dabei hatte dieser Hegelmaier noch im Mai, als die ersten Bewerbungen um das gewichtige Amt bekannt geworden waren, keinerlei Anstalten gemacht, sich in den kommunalpolitischen Wettkampf zu stürzen. Noch 14 Tage vor der Wahl sah es ganz so aus, als würden der Amtmann Christmann, der Amtsrichter Landauer und der Amtmann Schumm aus Böblingen die Sache unter sich ausmachen. Wenige Tage vor dem Ende der Bewerbungsfrist aber brachten einige „bürgerliche Wähler" zur allseitigen Überraschung den Namen Hegelmaier ins Spiel. Der junge und schneidige Herr Staatsanwalt, so tönten sie, werde endlich Schluß machen mit der Vetterleswirtschaft auf dem Rathaus. So einer wie der lasse sich nicht ins Bockshorn jagen von den selbstherrlichen Herren Gemeinderäten.

Nun, ganz so unverblümt und g'radheraus haben sie ihre Wut über die Zustände auf dem Heilbronner Rathaus natürlich nicht hinausposaunt ins Städtle, die „bürgerlichen" Herren Wähler. Sie haben sich schon ein bißle feiner ausgedrückt. „Eine entschiedene Handhabung der Amtsbefugnisse gegenüber etwaigen persönlichen Einflüssen aller Art", so formulierten sie's behutsam und juristisch unanfechtbar, würden sie dem Paul Hegelmaier zutrauen. Und doch meinten sie damit nichts anderes, als daß ihnen die leidige Kumpanei auf dem Rathaus seit langem schon wie Spitzgras war.

Der Staatsanwalt Hegelmaier allerdings war pfiffig genug, sich trotz solch deutlicher Ermunterung nicht augenblicklich in den Wahlkampf zu werfen. Er hielt sich vornehm zurück und wartete ab. In der Neckarzeitung ließ er sogar eine Stellungnahme abdrucken und den Heilbronnern mitteilen, er werde das Schultheißenamt auf gar keinen Fall annehmen – selbst dann nicht, wenn sie sich partout nicht davon abhalten lassen wollten, seinen Namen auf den Stimmzettel zu schreiben. Eine raffiniert ausgetüftelte Taktik, von der sich so mancher Politiker noch heute ein nahrhaftes Scheibchen abschneiden könnte.

Die Strategie hatte Erfolg. Zumal seine Gegner auch noch die Dummheit begingen, unfreiwillig Wasser auf des Hegelmaiers Mühle zu leiten. In frommer Einmütigkeit nämlich taten die Stadtbeamten und die Mitglieder des Gemeinderats dem Wahlvolk kund, daß sie mit einem Schultheiß Hegelmaier auf gar keinen Fall „ersprießlich" würden zusammenarbeiten können und er schon deshalb auf seine eventuell zu befürchtende Wahl in vorauseilender Hasenfüßigkeit verzichten müsse. Womit sie in den Augen ihrer Gegner die herben Vorwürfe in punkto Vetterleswirtschaft natürlich überzeugend bestätigten. Diese politische Ungeschicklichkeit blieb nicht ohne Folgen. Kaum hatte sich die Heilbronner Hautevolee diese unübersehbare Blöße gegeben, kam der Wahlkampf so richtig in Fahrt. Und vier Tage vor der Wahl, klebte an den Hauswänden rund um die Kilianskirche ein Plakat mit der ungeheuerlichen Nachricht: „Hegelmaier nimmt die Wahl an!"

Lange genug hatte der Fuchs in seinem Bau gelauert, jetzt wagte er sich endlich heraus. Zu seiner ersten und einzigen Wahlversammlung im „Aktiengarten" eilten die Heilbronner am Sonntag vor der Wahl in solchen Scharen herbei, daß die Veranstaltung aus dem Saalbau hinaus ins Freie verlegt werden mußte. Rund 3000 seien da gewesen, berichtete anderntags die Zeitung. Ein wahrhaft gewaltiger Zulauf, bei insgesamt 3460

Wahlberechtigten. Nun also konnte der Herr Staatsanwalt der Wahl und der Auszählung der Stimmen in aller Ruhe und kommoder Selbstsicherheit entgegensehen. Am Abend des 11. Juni war er am Ziel. Als strahlender Wahlsieger wurde Hegelmaier auf Händen getragen. Und zwei Tage darauf, keine drei Wochen vor seinem 37. Geburtstag, gab's ihm zu Ehren den unvermeidlichen Fackelzug mit anschließendem Ständchen.

Die hochgestimmte Zuversicht auf angstfreie und schweißlose Zeiten aber, die jene holprige Flugblatt-Reimerei am Tag nach der Wahl unter den Heilbronnern verbreitet hatte, wurde bald schon kläglich enttäuscht. Kaum war der Wahlkampf vorbei, begann auf dem Heilbronner Rathaus der Krieg. Mit seinem scharfen Schneid und seinem bockelharten Dickschädel rannte der junge Schultheiß so hart gegen die Mauern der Bürokratie und der Borniertheit an, daß er bald nicht mehr wußte, wo ihm der Kopf stand. Und je sturer er seine Entscheidungen fällte, desto fleißiger warfen ihm seine Stadtbeamten Knüppel zwischen die Beine. Bis er schließlich strauchelte und fiel.

Der Niedertracht seiner Mitmenschen allein aber hatte er dieses Unglück nicht zu verdanken. So manchen Stolperstein legte er sich auch selber in den Weg. Vielleicht lag das daran, daß er als gebürtiger Tübinger in seinem Blut einen Spritzer zuviel von jener cholerischen Widerspenstigkeit hatte, die den Weingärtnern oder Gogen der schwäbischen Gelehrtenstadt am Neckar bekanntlich im Übermaß eigen ist. Oder sein recht ausgeprägter Hang zur Leichtlebigkeit strapazierte den moralischen Biedersinn der Heilbronner Ehrenmänner mit der Zeit doch gar zu sehr. Nicht zuletzt mag er auch an seinem Hochmut oder Grattel gescheitert sein, der sich während seiner Zeit als Staatsanwalt in seinem

Charakter eingenistet hatte. Am wahrscheinlichsten aber ist, daß es von allem etwas oder alles miteinander war, das den Heilbronner Stadtschultheißen nach glänzendem Aufstieg jäh zu Fall brachte.

Sicher ist immerhin, daß dieser Paul Hegelmaier schon nach kurzer Amtszeit nicht nur mit seinem Beamtenstab, mit dem Heilbronner Establishment und mit seinen regierungsamtlichen Vorgesetzten, sondern überhaupt mit Gott und der Welt dermaßen zerstritten war, daß das ganze Ländle sich köstlich amüsierte über die Heilbronner Querelen. Und noch herzlicher war die Anteilnahme aller Schadenfreudigen am Heilbronner Hader, als der ganze Wust von Intrigen, Verleumdungen und Verdächtigungen bei Gericht aufgetischt und die ganze schmutzige Wäsche ganz offiziell und mit strengster Gründlichkeit noch einmal gewaschen wurde.

Ein drei Zentner schwerer Aktenberg türmte sich am Montag, dem 23. April 1894, auf den Tischen im Sitzungssaal des „Stockgebäudes" in der Stuttgarter Königstraße auf, als der Disziplinargerichtshof des Königreichs Württembergs zusammentrat, um über die amtlichen und außeramtlichen Verfehlungen des Heilbronner Stadtschultheißen zu befinden und, falls möglich, sich darüber auch ein Urteil zu bilden. Aus durchaus erfahrenen, ja würdigen Fachleuten setzte sich dieses hohe Gericht zusammen. Vorsitzender war der Regierungsdirektor von Bockshammer, und als Beisitzer hockten die Oberlandesgerichtsräte Feyerabend und Schönhardt, die Oberregierungsräte Bellino und Renz, der Ludwigsburger Oberbürgermeister Heinrich von Abel und der Freudenstädter Stadtschultheiß Alfred Hartranft mit auf der Richterbank.

Als Sachverständige waren der Geheime Medizinalrat Dr. Schüle von der Landesirrenanstalt Illenau, der

Professor Fürstner aus Straßburg und der Stuttgarter Obermedizinalrat Dr. August von Landenberger geladen. Sie sollten den Angeklagten während der Verhandlungen beobachten und ergründen, ob er eventuell wegen eines Defekts im Oberstüble, wegen mangelnder geistiger Zurechnungsfähigkeit also, für seine Vergehen gar nicht verantwortlich gemacht werden könne. Ihnen und natürlich auch der Hauptperson Hegelmaier und dessen Verteidiger Kleine trug der Staatsanwalt Maginot die Vorwürfe vor, die er bei seiner Wühlarbeit in der Weitläufigkeit des gewaltigen Aktenbergs entdeckt hatte.

Zu fünf Hauptvorwürfen hatte der Ankläger Maginot sein Wissen geballt, um wenigstens ein klein wenig Struktur in das Gewirr der Gesetzeswidrigkeiten zu bringen, für die der Hegelmaier nun gerade stehen sollte. Unter dem Titel „Willkürlichkeiten im Dienst" waren allerlei amtsinterne Eigenwilligkeiten zusammengefaßt. Der Punkt „Mißbrauch der Amtsgewalt und Bedrückung von Amtsuntergebenen" ließ den Angeklagten als ein wahres Ungeheuer der Unterdrükkungslust erscheinen. Der Vorwurf der „Streit- und Beschwerdesucht" basierte auf allerhand Aufmüpfigkeiten und Boshaftigkeiten des Hegelmaier gegen höhere Behörden, und jener der „Unsittlichkeit" ließ die aufmerksamen Zuhörer vermuten, daß der Hegelmaier der Wahrheitsliebe nicht unbedingt mit Haut und Haar verfallen sei, dafür um so heftiger den weiblichen Reizen in jeglicher, vorzugsweise aber in ausgeprägt ansehnlicher Gestalt. Der fünfte Vorwurfstitel hielt dem nur wenig geknickten Sünder ein „Unleidiges Verhältnis zu den bürgerlichen Kollegien" vor und war eigentlich mehr ein Sammelpunkt für mannigfache, nicht ganz genau definierbare Verfehlungen.

Insgesamt kam der Staatsanwalt auf 29 Einzelverfehlungen. Und die wurden nun mit peinlicher Akribie und unter Beteiligung einer eindrucksvollen Zeugenschar näher erforscht. Das Verfahren entwickelte sich recht schnell zu einer spannenden und auch sehr unterhaltsamen Angelegenheit. Mit jedem neuen Zeugen und mit jeder neuen Aussage verdichtete sich das Bild vom Leben und Treiben im trauten Heilbronn zu einem Sittengemälde von buntester Abenteuerlichkeit und duftigster Pikanterie.

Da war zum Beispiel diese Sache mit der Einweihung des neuen Karlshafens am 19. April des Jahres 1888. So ein Ereignis, darüber war man sich lange vor dem Festtag schon einig gewesen, mußte gebührend gefeiert werden. Also hatte der Schultheiß Hegelmaier gemeinsam mit dem Baurat Fuchs vom staatlichen Bauamt ein würdiges Festprogramm ausgetüftelt. Für die Feier am Hafen, so war verabredet worden, mache der Staat den Zahlmeister, die Saalfestlichkeit in der „Harmonie" gehe zu Lasten des Heilbronner Stadtsäckels. Und damit der Nachruhm dieser vielversprechenden Festivität nicht an zwei Männern allein hängenbliebe, waren auch die Herren Härle und Dr. Otto vom Gemeinderat in die Festpläne eingeweiht worden. Eine kleine Mißstimmung allerdings hatte sich in die Vorfreude eingeschlichen, als der Baurat Fuchs plötzlich munkelte, er hätte in Stuttgart läuten hören, daß der Staat sich angesichts einer gewaltigen Baukostenüberschreitung bei der Beteiligung am Festbudget weitgehende Zurückhaltung auferlegen und die Kosten für die Volksbelustigungen an den Ufern des Neckar nicht übernehmen würde.

Der Schultheiß Hegelmaier, ein Mann von schnellem Rat und beherzter Tat, war nun schleunigst zu den Holzhändlern vom Neckarhafen geeilt und hatte die würdige und bekanntermaßen finanzkräftige Holzhandelsgemeinschaft bekniet, ihm aus der peinlichen Verlegenheit zu helfen. Ohne weiteres hatten sich die Holzhändler für dieses frühe Modell des Fest-Sponsering erwärmen lassen und versprochen, die notwendigen Gelder locker zu machen. Und so konnte am 19. April die glückliche Fertigstellung des Heilbronner Karlshafens doch noch ausgiebig begossen und bejubelt werden.

Kaum aber war die Festfreude versurrt und die Köpfe der Heilbronner wieder einigermaßen klar, da schlug im Gemeinderat die Stunde der Erbsenzähler. Und mindestens so hoch wie auf der Einweihungsfeier ging es nun im Ratsgremium her. Der Wirt der „Harmonie" hatte der Stadt nämlich für die gehabten Genüsse eine gesalzene Rechnung über 1500 Reichsmark aufgetischt. Und bei einer Summe von solchem Gewicht regte sich selbst bei jenen Honoratioren, die sich Festtagsbraten und Festtrunk bestens hatten schmecken lassen, das schlechte Gewissen.

Kein Wörtle habe der Schultheiß über die ausladende Üppigkeit der Festlichkeit während der Planung ihnen gegenüber verloren, zeterten die Gemeinderäte Härle und Dr. Otto. Sie seien allenfalls „mit einem leichten Sekt" als kleinem Aperitif einverstanden gewesen, um sich damit ein wenig abzuheben von der eher volkstümlichen Feier der Holzhändler am Hafen, die ihren Gästen massenhaft „schweren Wein" spendiert hätten. Dem ebenfalls sehr erinnerungsstarken Bürgervertreter Schloß fiel nachträglich auf, daß die Saaltöchter des „Harmonie"-Wirts zum ausgedehnten Festessen, das sich immerhin von zwei Uhr mittags bis abends um sieben Uhr hingezogen hatte, nichts anderes ausgeschenkt hätten als vornehm perlenden Sekt. Auch sei das Essen selber geradezu „übertrieben fein" gewesen, entsann sich prompt der Gemeinderat Härle und bestand darauf, daß der Hegelmaier die kulinarische Herrlichkeit ganz allein verschuldet habe. Diesen Vorwurf der kaltschnäuzig und selbstherrlich geplanten Aushäusigkeit auf Kosten der Steuerzahler konnte der Herr Stadtschultheiß schwerlich auf sich sitzen lassen. Und er bemühte sich wacker, die Symptome nachträglicher Magenverstimmung zu betäuben. Selbstverständlich hätten die Herren Härle und Dr. Otto Bescheid gewußt über die bevorstehenden Genüsse. Das Festprogramm sei schließlich lange vor dem Feiertag und sogar gedruckt zu studieren gewesen. Außerdem habe das bißle billiger Sekt, das Fläschle zu gerade vier Mark, die Kosten des Festschmauses nicht über Gebühr in die Höhe getrieben. Überhaupt sei er der Ansicht gewesen, für die Sause in der „Harmonie" komme der Staat auf, dem durch die Großzügigkeit der Holzhändler schließlich die Kosten für die Feier am Hafen erspart geblieben seien. Im großen und ganzen habe man sich angesichts der Gewichtigkeit des Ereignisses halt nicht lumpen lassen wollen. Geradezu als seine Ehrenpflicht habe er es erachtet, das Fest möglichst feudal auszurichten und die Heilbronner damit vor dem schnöden Verdacht der Knickigkeit zu bewahren. „Wenn den Heilbronner Gemeinderäten der Sekt zu teuer ist, dann sollen sie halt Most trinken", habe ein höherer Staatsbeamter ihm gegenüber süffisant gespöttelt, als auch er sich anfangs gründlich und laut überlegt habe, ob er Ehrengäste samt Stadtväter unbedingt zum Schaumweingenuß nötigen solle.

So war es bei der Aufarbeitung der gemeinsam genossenen Festfreuden im Ehrensaal der Heilbronner Bürgerschaft hin und her gegangen, und am Ende war die Freude über ein gelungenes Hafenfest zu einem elenden Katzenjammer zusammengeschnurrt.

Hoch hergegangen war es auf jeden Fall bei der Heilbronner Hafeneinweihung. Und nicht nur mit dem Schaumweinskandälchen mußten sich die Herren des hohen Disziplinargerichtshof in Stuttgart am fünften Tag ihrer Verhandlung gegen den Stadtschultheißen Hegelmaier in aller Gründlichkeit befassen. Sie mußten sich auch bemühen, möglichst tief in die Hintergründe eines Dramas einzudringen, das sich am späten Abend jenes ereignisreichen Festtags abgespielt hatte. Die tragische Hauptrolle bei diesem kleinbürgerlichen Schauerstück hatte der Stadtbüttel Vogelmann gespielt, die Rolle des alkoholisch befeuerten Gegenspielers hatte der Stadtbaumeister Wenzel gegeben. Und in den weiteren, allerdings weniger dankbaren Rollen, hatten der Polizeiwachtmeister König, die Mitglieder des Heilbronner Schöffengerichts und natürlich auch der unentwegte Stadtschultheiß Hegelmaier chargiert. Der hatte sich, um die Dinge auf die Spitze zu treiben, zum schlimmen Schluß mit einer geradezu wunderlichen Leidenschaft in die Streitereien eingemischt und sich damit wieder einmal nichts eingehandelt als nur neuen Ärger und Verdruß.

So sehr sich die Akteure vor den Richtern auch bemühten, ihren Beitrag zur Kleinstadt-Groteske in einem möglichst strahlenden oder wenigstens nicht allzu trüben Licht erscheinen zu lassen – es gelang ihnen nur sehr leidlich. Was kein Wunder ist, wenn halbwegs begabte Schmierenkomödianten sich plötzlich dazu versteigen, in Heldenrollen zu überzeugen. Immerhin durften die Beobachter des Prozesses wieder einmal so richtig in Heiterkeit schwelgen, als auch diese Episode in allen Einzelheiten aufgerollt wurde vor Gericht.

Die Geschichte hatte damit begonnen, daß der Stadtbaumeister Wenzel nach glücklich durchzechten Feststunden eine Handvoll Gäste zum Bahnhof geleitet hatte. Die Fröhlichkeit, so erzählte er freimütig dem Gericht, sei dabei beträchtlich und die Sangeslust des Trüppchens entsprechend ausgeprägt gewesen. Was natürlich speziell dem Stadtschutzmann Vogelmann nicht verborgen geblieben sei, weil der an jenem Tag der allgemeinen Fröhlichkeit entsagen und pflichtschuldig in seiner Wachstube hätte hocken müssen. Von dort aus habe er die heitere Sängerschar wohl schon von weitem dem engeren Machtbereich seiner nüchternen Mißgelauntheit entgegenkommen sehen. Grimmig entschlossen jedenfalls sei der Vogelmann plötzlich vor die Tür der Polizeiwache getreten, um den munteren Sängern barsch Ruhe zu gebieten. Die allerdings hätten, eingedenk der Pünktlichkeit der schwäbischen Eisenbahnen, wenig Lust gehabt, sich der ausführlichen Standpauke zu widmen. Als man aber, immer noch recht heiter, auf dem Retourweg vom Bahnhof die Polizeiwache abermals passiert habe, da sei es um das innere Gleichgewicht des Schutzmanns vollends geschehen gewesen. Wie von der Tarantel der Nüchternheit gestochen, sei der Büttel Vogelmann abermals aus seiner Wachstube heraus und auf die Sängerschar zugestürmt. Und nun habe auch er sein Stimmorgan so heftig strapaziert, daß den Sangesgenossen die feineren Töne des mehrstimmigen Männergesangs augenblicklich in der Kehle steckengeblieben seien. Möglicherweise, gab der Herr Stadtbaurat beiläufig zu, seien ihm dabei ein paar Bemerkungen entschlüpft, die wohl nicht dazu angetan gewesen seien, das Temperament des Schutzmanns Vogelmann zu dämpfen. Jedenfalls sei nun, von dem Gezeter aufgeschreckt, der Vorgesetzte des unerbittlichen Vogelmann herbeigeeilt und habe versucht, zu schlichten. Nur sei der Polizeiunteroffizier König bei seinem tapferen Untergebenen damit gerade an den Rechten geraten. Um nichts in der Welt habe sich der Vogelmann in seiner Amtsausübung mäßigen lassen wollen. Und als er die Kraft des Gesetzes gefährlich durch die Macht der Milde bedroht gesehen habe, da sei es vollends mit ihm durchgegangen. Wutentbrannt habe er sich seinen Uniformkittel vom Leib und sein Seitengewehr von der Schulter gerissen und die Insignien seiner polizeilichen Machtvollkommenheit dem diplomatisch inspirierten Vorgesetzten vor die Füße geschmissen. Darauf habe er auf dem Absatz kehrt gemacht und die verdutzten Zeugen seines Auftritts vor der Polizeiwache stehenlassen.

Auch am Tag nach diesem aufsehenerregenden Geschehen, so ergaben es die Zeugenaussagen weiter, sei beim unbeugsamen Büttel Vogelmann die Wut auf den Stadtbaurat noch nicht verraucht gewesen. Also habe er den feinen Herrn wegen Widerstands gegen die Staatsgewalt und wegen Beleidigung kurzerhand angezeigt. Und prompt sei der längst wieder gründlich ernüchterte Stadtbeamte vom Heilbronner Schöffengericht zu einer saftigen Geldstrafe verdonnert worden. Das wiederum habe den Stadtschultheißen Hegelmaier unbändig gereizt, sich nun ebenfalls und höchstpersönlich in die Affäre einzumischen. Er habe den Schutzmann Vogelmann in sein Amtszimmer bestellt und ihn wegen mangelnden Gehorsams gegenüber seinem Dienstvorgesetzten zu zwei Tagen Gefängnis verdonnert. Diese entehrende Strafe aber habe den Gemaßregelten in seiner Rechtgläubigkeit dermaßen erschüttert, daß er vorübergehend in den Zustand geistiger Verwirrung gefallen und später, als er wieder einigermaßen bei Sinnen gewesen wäre, mit Weib und Kindern nach Amerika ausgewandert sei. Was erklärte, daß das Publikum auf den sicherlich auch recht ergiebigen Auftritt des Zeugen Vogelmann vor dem Stuttgarter Disziplinargericht verzichten mußte.

So sehr dem kleinen Stadtpolizisten die ganze Affäre auch zu Herzen gegangen und aufs Gemüt geschlagen war, als der Stadtschultheiß Hegelmaier von seinen Stuttgarter Richtern dazu gehört wurde, konnte er ihr auch nachträglich wenig Aufregendes abgewinnen. Er war rückblickend eher der Ansicht, der wackere Vogelmann habe sich damals vollkommen unnötig echauffiert und dabei dem bekannt liberalen Heilbronner Lebensgefühl einen Bärendienst erwiesen. Schließlich sei es in Heilbronn, beschied er seinen staunenden Richtern, seit jeher der Brauch, gegen Betrunkene nicht allzu scharf vorzugehen. Er selbst, bekannte er offen, habe kurz nach seinem Amtsantritt die Instruktion erteilt, sich angesichts eines Betrunkenen, wenn der nicht einen gar zu gewaltigen Skandal inszeniere, mit der schlichten Namensfeststellung zu begnügen. Mit dem Hintergedanken, solche Radaubrüder nicht unnötig zu reizen und sie dadurch zu so schweren Vergehen wie einer Widersetzlichkeit gegen die Staatsgewalt zu ermuntern, habe er diese inzwischen sehr bewährte Anordnung getroffen. Und sie habe sich seither unzählige Male bestens bewährt.

Kaum hatte er solches vernommen, sah sich der Gemeinderat Haag genötigt, die Heilbronner vor dem möglicherweise aufkeimenden Verdacht besonders ausgeprägter Weinseligkeit in Schutz zu nehmen. Er protestierte entschieden dagegen, daß der Schultheiß Hegelmaier und der Stadtbaumeister Wenzel vor den hohen Herren in Stuttgart den Eindruck erwecken wollten, das ehrbare Heilbronn sei ein granatenmäßig versoffenes Nest. Es gehe dort, so ereiferte sich der Brave, mindestens ebenso solid zu wie in anderen Städten des weinseligen Unterlands. In diesem Sinne, bemerkte der Stadtbaurat Wenzel nun beflissen und kleinlaut, habe er ganz und gar nicht nicht verstanden werden wollen. Er habe nur andeuten wollen, daß es in Heilbronn gang und gäbe sei, daß jeder halbwegs erwachsene Mann von einer größeren Festlichkeit betrunken heimkomme. Es sei denn, er könne soviel vertragen, daß ihm „überhaupt nichts mehr etwas thue".

Womit dem Guten die Ehrenrettung der Heilbronner allerdings auch nicht so gründlich gelungen war. Doch erfuhren die Gerichtsherrn bei ihrem ernsten Bemühen, die Art und die Eigenarten der Hegelmaierschen Amtsführung möglichst gründlich kennenzulernen, ganz nebenbei auch so manches über das ganz spezielle Heilbronner Lebensgefühl.

Und je mehr Zeugen aus Heilbronn vor dem Richtertisch aufmarschierten, desto mehr gab's für ein hochinteressiertes Publikum zu schmunzeln. Nur war dem Gericht der unterhaltsame Nebeneffekt seiner inquisitorischen Mühen ganz und gar nicht willkommen. Allzuviel vom nicht unbedingt vorbildhaften Wirken hoher Amtspersonen kam da ans Licht der wißbegierigen Öffentlichkeit. Und mehr als es seiner Untertanentreue zuträglich sein mochte, erfuhr das Publikum von mancherlei Eitelkeiten und Machenschaften, deren sich die Staatsdiener jeglichen Rangs bei ihren würdigen Geschäften befleißigten. Dafür gab der erbitterte Kleinkrieg zwischen dem Schultheiß Hegelmaier und dem Amtmann Christmann von der Heilbronner Kreisregierung ein schönes Beispiel.

Nachdem es im Heilbronner Rathaus wegen einer gar

zu ausschweifend und kostspielig geratenen Informationsreise der kommunalen „Bäderkommission“ wieder einmal zu gewaltigen Streitereien gekommen war, hatte man sich auch bei der Aufsichtsbehörde, beim Heilbronner Oberamt, für diese Angelegenheit zu interessieren begonnen. Ausgerechnet der Amtmann Christmann, der bei der Schultheißenwahl kläglich gegen Hegelmaier gescheitert war, hatte sich der Sache angenommen. Auf diesen Tatendrang seines Erzfeinds hatte der Herr Schultheiß natürlich prompt und kraftvoll reagiert, seinen Widersacher wegen Mißbrauchs der Amtsgewalt angezeigt und, damit die Sache auch gehörig Aufsehen errege, gleich auch dessen Vorgesetzten, den Regierungspräsidenten von Häberlen. Und als die Oberstaatsanwaltschaft und das Innenministerium in schöner Einmütigkeit die Anzeigen niedergewalzt hatten, da hatte der Heilbronner Schultes in seiner Not eben seinem obersten Dienstherrn und König einen gepfefferten Brief geschrieben. Daß „unter Anwendung eines förmlichen Verfolgungssystems an seiner Amtsführung herumuntersucht werde“, hatte er unumwunden dem Landesherrn vorgejammert und damit mächtig Eindruck gemacht. Weniger beim König selber, dafür um so mehr in nicht ganz so erhabenen Regierungskreisen. Seither jedenfalls hatte man in Heilbronn nicht mehr nur an der Umgänglichkeit des Heilbronner Rathauschefs gezweifelt, sondern mindestens so gründlich auch an dessen Geisteszustand.

Natürlich hatte der Amtmann Christmann nicht allein aus staatstragenden Motiven die Ermittlungen gegen seinen einstigen Rivalen ins Werk gesetzt. Und was der Angeklagte Hegelmaier vor dem Stuttgarter Disziplinargerichtshof über seinen Erzgegner so erzählte, ließ auch dessen Amtsführung in einem nicht gerade lieblichen Licht erscheinen. Als der Christmann nach dem Tod seines Vorgesetzten, des Regierungsrats Meurer, für 14 Tage als Oberamtsverweser hatte herrschen dürfen, so berichtete der Angeklagte Hegelmaier, habe der nichts Eiligeres zu tun gehabt, als dem Eifrigsten unter seinen einstigen Wahlhelfern eine Wirtschaftskonzession zuzuschanzen und dies, obwohl der Gemeinderat dieses Begehren kurze Zeit zuvor rundweg abgelehnt hatte. Doch damit nicht genug. Als er später wieder einmal als Amtsverweser eingesetzt gewesen sei, habe der Christmann „trotz starker Bedenken" aller beteiligten Stellen ein Baugesuch mit ungewöhnlicher, für einen Beamten geradezu aufsehenerregender Eile genehmigt. Zufälligerweise habe dessen Schwiegermutter ein ausgeprägtes finanzielles Interesse an dieser Baugenehmigung gehabt.

Nicht nur vor einem gewaltigen Packen von Akten also hockten die ehrwürdigen Disziplinarrichter im Stuttgarter „Stockgebäude", sie thronten auch über einem ungeheuren Berg dreckiger Wäsche. Und der wurde mit jedem neuen Verhandlungstag eifrig gemehrt. Die Hoffnung jedoch, diese Schmutzwäsche jemals wieder sauber zu bekommen in der Lauge ihrer Unparteilichkeit, mußten die Wahrheitsforscher mit der Zeit mehr oder weniger widerstrebend begraben. Und was sollten sie auch von Anschuldigungen halten, die ihnen aus den untersten Schubladen der moralischen Empörungslust aufgetischt wurden. Von Vorwürfen wie jenem zum Beispiel, der Stadtschultheiß Hegelmaier habe während einer Gemeinderatsreise zur Begutachtung mehrerer Freibäder in Berlin in einem öffentlichen Lokal getanzt. Und als ein Leichtfuß sondergleichen sei er weit mehr noch als an einer möglichst informativen Gestaltung der kommunalen Fortbildungsreise am Besuch zwielichtiger Etablissements interessiert gewesen. Gewichtige Vorwürfe, die der Beschuldigte mit einer verhältnismäßig leichtgewichtigen Ausrede konterte. Er habe sich als leidenschaftlicher Jurist und als oberster Chef der Stadtpolizei aus rein „wissenschaftlichem Interesse" ins Zwielicht zweifelhafter Spelunken begeben, erzählte der Abenteuerlustige allen Ernstes seinen Richtern. Was diese mit leicht verkniffenem Lächeln quittierten, das Publikum aber mit herzhaftem Gelächter.

Trotz solch kleiner Ausrutscher in die Niederungen der Notlüge hielt sich der Angeklagte Hegelmaier im großen und ganzen recht tapfer vor Gericht. Und er konnte auch durchaus begreiflich darlegen, daß die 53 Strafanzeigen, die er seit dem Jahr 1885 gegen seine mehr oder weniger ehrbaren Mitbürger angestrengt hatte, nicht ausschließlich dem Humus seiner notorischen Streitlust entwachsen waren. Überdies konnte er einigermaßen glaubhaft erläutern, daß so manche von jenen 23 Strafanzeigen, die er in dieser Zeit auf sein zuvor unbescholtenes Haupt gesammelt hatte, nicht ausnahmslos aus ehrlicher Empörung gegen seinen manchmal durchaus sehr eigenartigen Führungs- und Regierungsstil geboren waren.

So war es denn auch kein Wunder, daß die ärztlichen Beobachter des Prozesses im Lauf der Verhandlung zu dem einhelligen Urteil kamen, daß der Angeklagte Hegelmaier keineswegs von der schlimmen Krankheit des Querulanten-Wahnsinns befallen, sondern im Grunde ein geistig recht zurechnungsfähiger Mensch sei. Und selbst der Dr. Landenberger, der noch ein Jahr zuvor als Sachverständiger vor der Heilbronner Strafkammer zu einem ganz anderen Urteil gekommen war, fand nun, daß der Hegelmaier eigentlich vollkommen normal sei.

Er sah sich sogar genötigt, ein gewisses Verständnis für die Handlungsweisen des allseits Bedrängten in die Prozeßakten zu diktieren. „Heute jedoch muß ich ehrlich sagen", revidierte er seine überholten Erkenntnisse, „daß im Laufe dieser jetzigen Verhandlung Dinge aufgedeckt worden sind, die ich nicht gewußt habe, und die geeignet sind, in einem gesunden Mann die Ansicht reifen zu lassen, daß er verfolgt werde." Außerdem war der Herr Doktor so frei, seiner ganz persönlichen Ansicht über den Heilbronner Rathauskrieg Luft zu machen: „Ich hätte nie geglaubt, daß solche Zustände in Württemberg bestehen können."

So ähnlich sahen es wohl auch die Mitglieder des hohen Gerichts, als sie sich nach elf turbulenten Verhandlungstagen zur Urteilsberatung zurückzogen. Die dauerte immerhin knapp 14 Tage und war damit der Fülle der Fakten und ihrer verwirrenden Widersprüchlichkeit angemessen. Am Montag, dem 21. Mai, nachmittags um fünf Uhr war es dann soweit. Die Richter traten vors wiederum zahlreich versammelte Publikum und verkündeten ihr Urteil über die Verfehlungen des Heilbronner Stadtschultheißen. Die Hauptperson hatte es allerdings vorgezogen, an diesem Tag daheim zu bleiben und brachte sich damit um den Genuß eines gediegenen Triumphes. Zu nicht mehr nämlich als zu 100 Mark Geldstrafe und zur 50prozentigen Beteiligung an den Verfahrenskosten verurteilte der Disziplinargerichtshof den Paul Hegelmaier.

Zwei Tage nach diesem Urteil mit dem deutlichen Bodeng'führtle eines Freispruchs saß der bis auf ein paar unscheinbare Flecken Reingewaschene wieder an seinem Schreibtisch im Heilbronner Rathaus. An eine halbwegs gedeihliche Zusammenarbeit mit der Heilbronner Honoratioren-Camarilla aber war natürlich jetzt nicht mehr zu denken. Schwer hatten die Heilbronner daran zu kauen, daß sie nun landauf, landab verschrien waren als Bewohner eines Gemeinwesens, dessen Bürgerschaft seit Jahren die Kunst des Aushekkens von Gemeinheiten weit intensiver betrieben hatte als jene, den Gemeinsinn nach Kräften zu hegen und zu pflegen. Und der in seiner Ehre wieder so einigermaßen hergestellte Hegelmaier konnte es seinen Heilbronnern halt partout nicht verzeihen, daß sie ihn im Februar 1892 seines Amtes vorläufig hatten entheben lassen, daß sie ihn bis vors Reichsgericht gehetzt und ihm außerdem auch noch zu einem sechswöchigen Zwangsaufenthalt in der badischen Landesirrenanstalt Illenau verholfen hatten.

So wunderte es eigentlich nur wenige, daß der Paul Hegelmaier schon gut eine Woche nach seiner Rückkehr ins Amt dem Gemeinderat sein Entlassungsgesuch zukommen ließ. Mit Handkuß hätten die Heilbronner Bürgervertreter dieses Angebot angenommen, wenn sie nur hätten dürfen. Das Oberamt jedoch erhob scharf Einspruch gegen diesen Kuhhandel und verdonnerte den amtsmüden Schultheiß samt Bürgerschaft gnadenlos zur Fortsetzung der kommunalpolitischen Zwangsgemeinschaft. Die schleppte sich, wiederum begleitet von ganz allgemeinen und auch von gerichtsnotorischen Klagen, noch acht lange Jahre hin und wurde erst aufgelöst, als der angeschlagene Hegelmaier auf ein hinreichend fortgeschrittenes Herzleiden verweisen und damit seine Befreiung vom verhaßten Amt erwirken konnte. Am 2. Januar 1904 endlich durfte er sich im Ratssaal ganz offiziell von den Stadtbeamten verabschieden. Von allen anderen Heilbronnern aber nahm er insgeheim Abschied und zwar mit dem schwäbischen Gruß. Zwei Tage später schon zog er in seine neue Wohnung nach Stuttgart, um dort die Narben jener Wunden zu pflegen, die er sich im fast 20jährigen Heilbronner Rathauskrieg zugezogen hatte.

Die Kunde von den schrillen Abschiedsfanfaren aber, mit denen die beiden Heilbronner Zeitungen den Abzug Hegelmaiers gefeiert hatten, drang auch nach Stuttgart und ermunterte den nach wie vor tief ergrimmten Ex-Schultes, sofort und für ewig auf sein Heilbronner Bürgerrecht zu verzichten. Keineswegs verzichten aber wollte er auf eine Honorarschuld von 8152 Mark und 93 Pfennig, die Heilbronn der Gerechtigkeit und nach seiner Meinung auch ihm noch schuldete. Eine Summe immerhin, die Hegelmaiers Jahrespension um mehr als 2000 Mark überstieg. Wieder einmal mußten sich also die Gerichte mit der Angelegenheit befassen und dem Hegelmaier am Ende abermals recht geben. Doch konnte selbst die Seelenstärkung, in seinem letzten Gefecht gegen die Heerscharen seiner Heilbronner Widersacher gesiegt zu haben, den äußerlich ergrauten und innerlich gebrochenen Pensionär nicht wieder aufrichten. Er starb verbittert und vergrämt am 27. März 1912 mit 64 Jahren und wurde auf dem Stuttgarter Pragfriedhof begraben. Daß die Stuttgarter aber ausgerechnet jene Straße, die großspurig an Paul Hegelmaiers letzter Ruhestätte vorbeiführt, nach dem Kriegsschauplatz seines unglücklichen Lebens genannt haben, darf nicht als posthume Boshaftigkeit gewertet werden. Die Heilbronner Straße trägt diesen Namen erst seit dem Jahr 1936.

# Der „Gradaus“ vom Halbmondsaal

*Franz Hopf, unbeugsamer Demokrat und notorischer Neinsager*

Es ging, wie immer, wenn's um etwas wirklich Wichtiges geht, ums Geld. Und so hatten sich die württembergischen Abgeordneten an diesem 4. Januar des Jahres 1871 recht zahlreich und ausnahmsweise auch ziemlich pünktlich im Stuttgarter Halbmondsaal, dem demokratischen Olymp des Königreichs, versammelt. Auf der Tagesordnung stand der deutsch-französische Krieg. Auch Württemberg sollte wieder ein paar Millionen locker machen, um die Welschen noch wirkungsvoller in die Zange nehmen zu können unter Preußens voranstürmendem Kommando.

Die Parlamentarier gaben sich redlich Mühe, dieser Angelegenheit von nationalem Gewicht gerecht zu werden. Sie debattierten über Unterhosen. Und heftig bestürmten sie die Regierung mit der Frage, ob die Landeskinder draußen auf den Schlachtfeldern und in den Schützengräben unter ihren Uniformröcken auch anständig, das heißt wintertauglich, angezogen seien. Der württembergische Kriegsminister Albert von Suckow war bestens präpariert. Zur allgemeinen Zufriedenheit konnte er alle diesbezüglichen Zweifel zerstreuen. Ein jeder württembergische Soldat, vom Offizier bis hinunter zum Grenadier, so berichtete er stolz dem hohen Haus, sei mit mindestens zwei Garnituren Unterwäsche, also bestens ausgestattet. „Und zwar nicht nur auf dem Papier, sondern in Wirklichkeit", bemühte sich der Herr von Suckow allen niederträchtigen Verdächtigungen zuvorzukommen. Überdies habe es der Opferwille der kriegsbegeisterten Bevölkerung ermöglicht, die Feldtruppen gar mit drei- bis vierfachem Sortiment an Unterwäsche auszurüsten. So seien die wackeren Kämpfer sehr wohl in der Lage, nicht nur dem Kampfgeist der Franzosen zu trotzen, sondern auch der Winterkälte.

Die Volksvertreter hörten dies gern und waren wohlzufrieden. Wenn sie die Söhne des Landes schon ins Feld geschickt hatten, um im erbitterten Kampf mit dem linksrheinischen Erzfeind Leib und Leben zu wagen, dann sollten sie dabei auf keinen Fall vor Kälte zittern. Denn darüber, daß das große Ganze und sein Gelingen manchmal am dünnen Fädchen des Details hängt, waren sich die Landesdeputierten in parteienübergreifender Gewißheit einig.

Nur einer, der Abgeordnete Hopf, konnte es sich auch bei dieser Gelegenheit wieder einmal nicht verkneifen, die Sache grundsätzlich zu betrachten. „Sie wissen, meine Herren", ergriff der altgediente Parlamentarier in aller Seelenruhe das Wort, „daß ich überhaupt gegen den Krieg gestimmt habe; man hat es mir übel gedeutet, und ich habe es mir gefallen lassen müssen, kann aber heute noch nicht anders, als zur Fortsetzung des Krieges Nein zu sagen." Ein unwilliges Raunen erhob sich im Saal. Doch der Redner fuhr unbeirrt fort. „Es könnte mir da vielleicht mancher den Vorwurf machen, und es ist dies auch geschehen, ich lasse unsere armen Soldaten, unsere notleidenden Brüder hungern und wolle nichts verwilligen für ihre Verpflegung. Aber die Sache liegt ganz anders, und ich stimme mit größter Freude für alles, was nur immer dienen würde, die Lage der armen Menschen zu erleichtern, welche jetzt für uns bluten, welche auf dem Feld erstarren, weil selbst das Blut ihrer Wunden gefriert. Aber ich wünsche, ich verlange, daß Frieden geschlossen werde, daß die Macht, welche nach meiner Ansicht den Krieg ohne Not in die Länge zieht, ihre Eroberungen einstelle."

Das Raunen steigerte sich zu einem gereizten Grummeln. Und als der Unbeirrbare es gar wagte, den Feldzug gegen Frankreich als Eroberungskrieg zu schmähen, da gerieten seine hurrapatriotischen Kollegen vollends aus dem Häuschen. „Allseitiger Widerspruch" notierte das Protokoll. Wieder einmal hatte der notorische „Neinsager" Hopf die parlamentarischen Nationalstrategen bis aufs Blut oder bis in die Tiefe ihrer neuerdings preußisch gefärbten Unterhosen gereizt.

Aufrecht, unbeugsam und auf eine – wie man im Schwäbischen sagt - unverwüstliche Art „gradaus" war dieser württembergische Volksmann. Und so schwer das Schicksal und die politische Willkür ihn auch prüften, er blieb sich und seiner demokratischen Sache treu. So eine Haltung will natürlich geübt sein, die fällt einem nicht zu wie ein reifer Apfel im Herbst. Demokrat wird man nicht bloß grad so g'schwind aus heiterem Himmel. Heute nicht und gleich zweimal nicht damals, als dieser Franz Hopf lebte und stritt.

In Winterlingen, einem Albdorf, das seinem frostigen Namen alle Ehre macht, wurde Franz Hopf am 4. Juli 1807 geboren. Sein Vater war dort Pfarrer und mit 44 Jahren von durchaus gestandenem Alter, als ihm seine Karoline das dritte Kind, den Franz, gebar. Nur vier Jahre Gemeinsamkeit war der Winterlinger Pfarrersfamilie von diesem Glückstag an noch gegönnt. Im Jahr 1811 mußte der Pfarrer Hopf seine Karoline beerdigen.

Und sicher war dieser Schicksalsschlag mit ein Grund, die nicht gerade heiter stimmenden Gefilde der rauhen Alb zu verlassen, um im Pfarrhaus von Aichelberg bei Schorndorf einen neuen Anfang zu wagen. Nur war den Hopfs auch dort kein auskömmlicher Friede beschieden. Am Neujahrstag des Jahres 1813 folgte der Pfarrer Hopf seiner Karoline nach in die Ewigkeit und ließ seine drei Kinder als Waisen zurück auf einer alles andere als gemütlichen Welt. Die Geschwister wurden auseinandergerissen; der gerade viereinhalbjährige Franz kam zur Tante nach Beilstein, ins Haus des Amtmanns Hoch. Und da hatte er bei allem Unglück doch auch ein bißle Glück. Beim Onkel Hoch war das Waisenbüble gut aufgehoben.

An nichts lassen es die Stiefeltern bei der Erziehung des munteren und auch recht gelehrigen Knaben fehlen. Und so gelingt ihm mit zarten 13 Jahren schon der erste Hopfer des klassischen schwäbischen Bildungs-Dreisprungs: Er besteht die Aufnahmeprüfung fürs niedere Seminar in Schöntal, und zwar mit Bravour. Und mit seinem Lerneifer und seiner leichten Auffassungsgabe ist er seinen Lehrern eine rechte Freude. So ist er mit jugendfrischen 17 Jahren reif fürs Tübinger Stift und darf sich nun dort auf Kosten des Staats um die akademischen Würden bemühen. Beflissen beißt der hoffnungsvolle Halbstarke sich durch den theologischen Lehrstoff. Doch mindestens so heftig wie für die Geheimnisse des evangelischen Kathechismus interessiert er sich für die neuen Ideen, die in den Fortschritts-Corps der Tübinger Burschenschaften so mächtig im Schwange sind.

„'s Kind" nennen die Stiftler den eher zart gebauten Nachwuchsrevolutionär zwar, doch an Aufmüpfigkeit steht der kleine Franz seinen kräftiger und gröber gebauten Gesinnungsgenossen in nichts nach. Und so schafft er es auch bald, im hohen Bogen aus der Geborgenheit der Tübinger Theologenschmiede zu fliegen. Immerhin, die Verwandtschaft trägt die Schmach mit Fassung und legt das Nötige zusammen, um dem durchaus fleißigen Studenten den nun etwas steinigeren Weg zum Theologieexamen zu ebnen.

Nicht nur in die Pfarreien des evangelischen Kernlands führen den freiheitsbewegten jungen Mann nach seiner theologischen Staatsprüfung die Lehr- und Wanderjahre. Er wagt es gar, sich als Hauslehrer in der Schweiz, in St. Gallen, zu versuchen nach seinem Debüt als Vikar in Hohenhaslach. Doch nach vier Jahren kehrt er in den geistlichen Stand zurück. Er hatte sich wohl doch ein wenig zu viel versprochen vom republikanischen Eifer der Eidgenossen, und so schlug ihm die hausbackene Rösti-Gemütlichkeit mit der Zeit schwer auf den Magen. Wieder daheim im traulichen Württemberg, wird der Umtriebige zunächst Pfarrverweser in Steinenbronn auf den Fildern, dann Vikar in Kleinaspach im Oberamt Marbach, anschließend Pfarrverweser in Bösingen bei Nagold und schließlich und endlich, mit 30 Jahren, Helfer in Murrhardt.

Dort fühlt er sich, trotz der nicht gelinden Abgeschiedenheit der Gegend, auf Anhieb wohl. Er lernt den gleichaltrigen und nicht minder fortschrittlich gesinnten Schlosser Nägele kennen, der mit seinen Sangesbrüdern im neu gegründeten Gesangverein das hohe Lied der Freiheit singt und auch sonst kein Blatt vor den Mund nimmt, wenn's gegen die Willkür der Obrigkeit geht. Und in Murrhardt kann er endlich mit seiner geliebten Sophie, der Tochter des Esslinger Oberjustizrats Mutschler, den gemeinsamen Hausstand gründen. Allein, es kann der beseelteste Pfarrer nicht in Frieden predigen, wenn es den sauertöpfischen Kollegen nicht gefällt. Die lieben Mitbrüder vom christlichen Evangelium rümpfen bald die Nasen über das freisinnige Bodeng'fährtle, das die Predigten ihres Amtsbruders auszeichnet. Und bald intrigieren sie recht einfallsreich und auch mit Erfolg gegen den jungen Kollegen, der nicht nur mit gelehrtem Verstand, sondern mit ganzem Herzen Seelsorger ist.

Nach zwei Jahren also werden wieder einmal die Kisten zum Umzug gepackt und auf dem Leiterwagen verstaut. Als Pfarrer von Wurmberg bei Maulbronn soll sich der Hopf nun bewähren. Genau das macht er auch. Und das Glück scheint gemeinsam mit der Pfarrersfamilie unter den Dachsparren des Wurmberger Pfarrhauses zu wohnen. Die kleine Gertrud ist gerade zwei Jahre alt, als ihr im Jahr 1840 ein Schwesterle geboren wird, das den Namen Marie erhält. Und ein gutes Jahr darauf kommt gar der lang ersehnte Stammhalter zur Welt. Doch wieder wird das Gottvertrauen des Franz Hopf hart und unbarmherzig geprüft. Nach sechs Jahren glücklicher Ehe stirbt am 5. Mai 1843 seine geliebte Sophie, nur vier Wochen später legt man auch das kleine Büble ins Grab.

Der 36jährige Witwer läßt sich vom Schmerz nicht lähmen, er stürzt sich in rastlose Tätigkeit. Er beantragt seine Versetzung in die Gemeinde Hohenhaslach, denn dort, so weiß er's aus seinem ersten Vikarsjahr, ist die Armut der Bauern groß und ein Mann, der nicht nur mit gutem Rat, sondern auch mit beherzter Tat zu helfen weiß, am rechten Ort. Und es glüht in ihm auch noch immer das Feuer der Freiheitsliebe, es schwelt in ihm diese Wut über die erbärmliche Not, über die schreiende Ungerechtigkeit im Land. Das Lied vom „guten, alten Recht", mit dem Ludwig Uhland das Selbstbewußtsein der schwäbischen Demokraten befeuert, klingt ihm so fromm wie ein Choral, das Debattieren über eine neue, bessere Zukunft ist ihm eine wahre Lust. Und der Pfarrer von Hohenhaslach ist in seinen Anschauungen ganz und gar nicht verbindlich, eher schon biblisch radikal. So steht das Revolutionsjahr 1848 auch in seinem Lebenskalender als eine Zeit des Aufbruchs, der Hoffnung und schließlich, als der Pulverdampf des Aufruhrs verraucht ist, als ein Jahr der vergeblichen Hoffnungen. Doch Franz Hopf zieht sich nach dem gescheiterten Volksaufstand nicht wie viele andere zurück ins Schneckenhaus der Enttäuschung. Der Pfarrer Hopf hält treu zur vorerst verlorenen Sache und steht ganz praktisch auch seinen verfolgten Gesinnungsfreunden bei, als sie als Landesverräter gejagt werden wie die Hasen.

Auf dem Hohenasperg, dem schwäbischen „Demokratenbuckel", sitzen die württembergischen Freiheitskämpfer nach der gescheiterten 48er-Revolution gefangen. Unter ihnen auch der linke Republikaner Adolf Rößler aus dem württembergisch-schlesischen Oels, jener Paulskirchenabgeordnete, den man wegen seiner ausgeprägten Vorliebe für gelbe Anzugstoffe in Frankfurt den „Reichskanarienvogel" nannte. Jetzt aber sind ihm die Flügel gestutzt, und er hockt trübselig im Käfig. Und auch dessen Namensvetter, der Friedrich Rösler von Brackenheim, sitzt auf dem Asperg ein. Er ist seit langen Jahren ein enger Freund und Kampfgefährte Hopfs.

Glücklicherweise haben die Frauen der beiden Gefangenen im gastfreundlichen Hohenhaslacher Pfarrhaus Unterschlupf gefunden. Von dort können sie sich recht oft auf den dreistündigen Weg hinüber nach Asperg und hinauf auf den Tränenberg machen, um ihren Gefangenen das Dasein mit Hohenhaslacher Wein und mit anderen Stärkungen aus dem Keller und der Speisekammer des Pfarrhauses ein wenig zu lindern. Das allerdings ist auch mit solchen Gottesgaben nicht ganz leicht. Vor allem dem schlesischen Rößler wird's in seiner Gefängniszelle allmählich ziemlich eng ums Herz. Die Preußen nämlich haben beim Schwabenkönig seine Auslieferung beantragt. Und es ist tatsächlich zu befürchten, daß der Württemberger Wilhelm den Häftling abschiebt, damit die Preußen wieder ein Opfer haben für ihre vaterländischen Standgerichte. Also muß sich der Pfarrer Hopf schleunigst etwas einfallen lassen, um die drohende Lebensgefahr von seinem Freund abzuwenden.

Es sollte sich bald zeigen, daß der Pfarrer Hopf von Hohenhaslach nicht nur mit einem tapferen Herzen, sondern auch mit einem findigen Kopf ausgestattet war. So bastelt er, unterstützt von seinen beiden Helferinnen, einen Befreiungsplan von beträchtlicher Raffinesse. Als Kenner der lokalen Szene weiß er natürlich so manchen Schleichweg, den ein Flüchtling einschlagen könnte, um aus dem erhabenen Großgefängnis zu entweichen. Nur ist die Verständigung zwischen den Häftlingen und ihren potentiellem Fluchthelfern nicht ganz leicht. Jedes noch so unverfängliche Brieflein wird peinlich genau gefilzt, selbst das harmloseste Gespräch wird von hellhörigen Ohrenpaaren mißtrauisch belauscht. Aber der Pfarrer Hopf läßt sich von solchen Schikanen nicht abhalten, einen Freund zu retten.

Nicht schlecht staunen bald die Schnüffler auf dem Hohenasperg, als die Briefe an den Gefangenen Adolf Rösler nach und nach ein Format annehmen, das den ausgeprägten schwäbischen Hang zur Sparsamkeit eindrucksvoll Lügen straft. Zentimeterbreite Streifen unbeschriebenen Papiers tun sich da plötzlich zwischen den Zeilen auf und zeugen von einem ausgeprägten Hang zu großzügigem, ja verschwenderischen Umgang mit Papier. Soviel immerhin fällt den Aufpassern auf. Es ist eine klitzekleine, doch entscheidende Kleinigkeit zu wenig.

Vom mächtigen Donner der Signalgeschütze des Hohenaspergs werden eines Morgens die Bauern, die auf den Feldern unter dem Gefängnisberg ihrer mühseligen Arbeit nachgehen, von ihrem Tagwerk aufgeschreckt. Die Botschaft des Geschützlärms ist allen, die sie hören, klar: Es ist wieder einmal einer aus aus der Trutzburg entkommen. Und bald weiß man in den Bauernflecken unterm Hohenasperg auch genauer, mit wem man sich an diesem Tag klammheimlich mitfreuen darf. Dem „Reichskanarienvogel" ist die Flucht geglückt. Und so mächtig die Aufregung droben auf dem Hohenasperg ist, so groß ist die Freude im Hohenhaslacher Pfarrhaus. Daran ändert auch das Trüpplein Landjäger nichts, das bald herbeitrabt, das Pfarrhaus umstellt und vom Keller bis hinauf unters Dach durchsucht. Der Flüchtling ist und bleibt verschwunden.

„Des isch a Wonder g'wä!" tuscheln die Bauersleute schon allerorten rund um den Hohenasperg und überlegen sich, ob sie dieses Wunder eher dem Leibhaftigen oder doch lieber einem einsichtsvollen Herrgott zuschreiben sollen. Und der Hohenhaslacher Pfarrer tut einen Teufel, sich in diese theologischen Erörterungen einzumischen. Nur manchmal lächelt er verschmitzt in sich hinein, wenn an den Stammtischen die wunderlichsten Fluchttheorien ausgemalt werden. Er weiß ja am besten, wer dieses Wunder vollbracht hat. Und seinen Herrgott mußte er dabei gar nicht erst bemühen. Es brauchte zur Befreiung nicht mehr als das Wissen um eine nützliche Neuheit auf dem Markt der chemischen Spezialprodukte. Womit natürlich nicht gesagt sein soll, daß der Herrgott ganz und gar unbeteiligt gewesen sei am Gelingen des Unternehmens „Kanarienvogel". So ganz aus dem Spiel lassen konnte der Franz Hopf den Allmächtigen schlecht, als Pfarrer.

Die höheren Mächte einmal außer acht gelassen, ist die Sache ungefähr so gelaufen: Mit einer neuen, gerade erst entdeckten „Geheimtinte" hatte der Pfarrer Hopf seinem Freund die nötigen Hinweise zur Flucht in die weiten Abstände zwischen die Zeilen seiner oberflächlich ganz und gar unverfänglichen Briefe notiert. Und auch die Skizzen, die dem Gefangenen den Fluchtweg beschrieben, waren auf diese ganz spezielle Art und Weise aufs Papier gekritzelt. So wurden die ausführlichen Anweisungen zur Flucht erst lange nach der Postkontrolle sichtbar, und der Adolf Rößler konnte sie in aller Ruhe studieren. Woran man erkennt, wie wahr die Redensart ist, die empfiehlt, hin und wieder auch zwischen den Zeilen zu lesen. Dem Adolf Rößler jedenfalls hat diese Praxis vor nicht ganz 150 Jahren das Leben gerettet.

Natürlich wußte die gefoppte Obrigkeit genau, wem sie das Gelingen dieses Husarenstücks zu verdanken hatte. Nur konnte sie dem Pfarrer Hopf die Beihilfe zur Flucht eines Staatsfeinds beim besten Willen nicht nachweisen. Aber gerächt hat sich die hohe Herrschaft doch. Wer den Weg g'radaus nicht findet, der geht halt hintenrum. Die Staatskirche mußte besorgen, was der Staat selbst nicht vermochte. Die kirchlichen Helfershelfer ließen es an gehorsamem Eifer jedenfalls nicht fehlen. Der Pfarrer Hopf wurde strafversetzt, nach Endingen bei Balingen. Zwar protestierten die Hohenhaslacher heftig gegen diesen Winkelzug der Kirchenbehörde und schickten schnurstracks eine Deputation zum König nach Stuttgart, um ihrem Unmut Luft zu machen. Der Landesherr Wilhelm weigerte sich aber, die Bittsteller auch nur zu empfangen. Er kannte den Hohenhaslacher Pfarrer inzwischen recht gut und für seinen ganz persönlichen Geschmack wohl auch zur Genüge. Im Landtag von 1849, der um die Verfassungsreform stritt und dem Hopf als Abgeordneter des Wahlbezirks Vaihingen/Enz angehörte, hatte der seinem Landesherrn nicht nur einmal am Zeug geflickt.

Er sei zwar zur Strafe nach Endingen versetzt worden, bekannte der Pfarrer Hopf in seiner Antrittsrede im Dörfle unterm Heuberg frank und frei. Doch empfinde er es keineswegs als Strafe, sich jetzt auch hier seiner sehr praktischen Auffassung vom Christentum widmen zu können. Alsbald verwandelte er die Waschküche des Pfarrhauses in eine Armenküche und richtete für die Mädchen des Bauernfleckens eine Handarbeitsschule ein. Sonntags predigte er wie eh und je von den demokratischen Pflichten eines Christenmenschen. Und vor allem davon, daß es obrigkeitshalber nicht damit getan sei, die Menschen auf ein besseres Leben im Jenseits zu vertrösten. Eine Botschaft, die nicht nur bei den Endingern recht gut ankam. Bald pilgerten die Protestanten von weither nach Endingen, um sich vom dortigen Pfarrer das Evangelium nach Demokratenart auslegen zu lassen.

Auch von Endingen aus hielt der unbelehrbare Demokrat natürlich weiter Verbindung mit seinen Gesinnungsgenossen. Und so erfuhr er es brühwarm, als seinem Freund Frieder Rösler, dem Brackenheimer Revoluzzer, in Würdigung seiner freiheitlichen Bestrebungen der Prozeß gemacht wurde und die regierungstreuen Richter ihm eine langjährige Freiheitsstrafe aufbrummten. Und wieder hatte der findige Fürsorger eine Idee, einem Freund aus der Verlegenheit zu helfen.

Eilends schickte er ein freundliches Gesuch an die Justizbehörden mit der Bitte, seinem Freund doch netterweise ein B'süchle bei seiner Familie zu gestatten. Die halte sich im Augenblick und rein zufällig in Balingen auf und habe dringend dies und jenes zu besprechen mit dem Ehemann, Vater und Onkel. Er selbst, der Pfarrer Hopf, wolle mit seiner Person dafür bürgen, daß der Gefangene sicher und pünktlich wieder zurückkehre in die Obhut seiner Gefängniswärter. Das Gesuch wurde gnädigst bewilligt, der Rösler kam auf Besuch nach Balingen und Endingen und nahm nach ein paar entspannenden Tagen auch brav wieder Abschied von seinen Lieben. In hochoffizieller Gegenwart amtlicher Zeugen überstellte der Pfarrer Hopf seinen Freund in Balingen einem zivilen Sicherheitsbegleiter. Man sagte einander herzhaft Adieu, und im Schein der Abendsonne rumpelte die Postkutsche in Richtung Hechingen davon.

Nach ein paar Viertelstündlein Fahrt aber schien es dem Gefängnisheimkehrer mit einem Mal recht ungemütlich zu werden auf seinem Sitzpolster. Er rutschte hin und rutschte her und verzog dabei seine Miene, als hätte er einen Zitronenschnitz zwischen den Zähnen. Und als er nicht mehr wußte, wie er sein Gesicht noch verziehen sollte, damit es seinem Begleiter endlich einfiel, ihn nach seinem Befinden zu fragen, da eröffnete er ihm knapp und unumwunden, daß er inwendig ein höchst pressantes Bedürfnis verspüre. Er bat um einen kurzen Halt, um seine Schwerenot zu lindern. Die Bitte wurde ihm notgedrungen gewährt, der Frieder Rösler hüpfte über den Straßengraben und verschwand im Gebüsch.

Nachdem so ungefähr zehn Minuten verstrichen waren, wurde sein Bewacher allmählich doch ein wenig unruhig. Er schickte sich an, das Gesträuch, in dem sein Gefangener verschwunden war, gründlich zu inspizieren. Die Mühe blieb vergebens. Bald mußte der Genarrte erkennen, daß er sich gründlich getäuscht hatte bei der Einschätzung des inwendigen Drangs seines Schutzbefohlenen. Es war weniger das Verlangen nach Befreiung von pressanten Leibesnöten gewesen, das ihn aus der Kutsche getrieben hatte, sondern der weit stärkere Drang nach Freiheit. Die Suche nach dem Entwichenen blieb jedenfalls erfolglos. Wenige Tage später aber meldete sich der Frieder Rösler aus der sicheren Schweiz und teilte seinen Lieben freudig mit, daß es ihm an nichts fehle. Am wenigsten an der Freiheit. Was den Pfarrer Hopf mindestens so begeisterte wie die Familie Rösler.

In Stuttgart aber sann man abermals wutschäumend auf Rache. Und wieder wurde in höheren Kirchenkreisen eine Strategie eingefädelt, um dem Pfarrer Hopf ein für allemal die Lust am Nasführen der Obrigkeit zu verleiden. Mit geradezu hintersinniger Raffinesse gingen die kirchlichen Intriganten diesmal zu Werk. Sie nützten einen althergebrachten Kirchenbrauch, um ihr Schäflein für alle Zeiten aus dem Pferch der kirchlichen Gemeinschaft zu treiben. Es war im Württembergischen von altersher Sitte, die Pfarrer des Landes von Zeit zu Zeit in der Kunst des theologischen Disputs ein wenig zu trainieren, sie glaubensmäßig auf Vordermann zu bringen. Zu diesem Zweck rief das Kirchenregiment sein geistliches Fußvolk in schöner Regelmäßigkeit zu einem Konvent und ließ es dann im Streitgespräch recht eifrig um den rechten Glauben ringen. Damit dieses theologische Spiegelfechterei nun nicht gar zu steif und langweilig geriet, mußte einer der Disputanten den Glaubenszweifler oder Advocatus Diaboli spielen. Und über diesen Ersatzketzer konnten die Kollegen dann mit der ganzen Kraft ihrer Glaubensstärke und Zungenfertigkeit herfallen. Eigentlich ein rhetorischer Zeitvertreib von eher harmloser Natur. Doch für die Kirchenoberen immerhin auch eine einigermaßen unterhaltsame Gelegenheit, zu erfahren, von welcher Festigkeit das theologische Fundament war, auf das ihre einfacheren Mitstreiter ihren Glauben gebaut hatten.

In diesem ganz speziellen Fall aber sollte der kuriose Kirchenbrauch noch zu einem ganz anderen Zweck taugen. Als nämlich im Endinger Pfarrhaus kurz nach der so schön geglückten Flucht des Frieder Rösler wie zufällig der Prälat Dettinger zur Kirchenvisitation auftauchte, da interessierte er sich nicht nur für den allgemeinen Zustand der Pfarrei und der Gemeinde, sondern brachte das Gespräch auch auf die jüngste theologische Spiegelfechterei. Und er nahm die Thesen, die der Pfarrer Hopf dabei spielerisch vertreten hatte, nun plötzlich für bare Glaubensmünze, um seinem verdutzten Amtsbruder daraus den Ketzerstrick zu drehen. So wurde der Pfarrer Hopf am 1. Oktober des Jahres 1853 wegen „Ungehorsams gegen die vorgesetzte Kirchenbehörde" seines Amtes enthoben. Und der König konnte hoch zufrieden sein mit seiner Kirchenbehörde und ihrem inquisitorischen Geschick. Ihre Fertigkeit in praktischer Niedertracht hatte sich wieder einmal bestens bewährt.

Von der Kanzel hatten sie den Pfarrer Hopf nun also ein für allemal hinabgestoßen. Und im Halbmondsaal des Stuttgarter Landtags hatten die fortschrittlichen Demokraten auch nicht mehr viel zu sagen. So machte der Franz Hopf genau das, was rund 120 Jahre später so mancher drangsalierte Radikaldemokrat machte, wenn er bei seiner Abenteuertour durch die Institutionen über das Berufsverbot gestolpert war. Er suchte Zuflucht bei der ewigen Duldsamkeit der Natur, kaufte sich in Bieselberg bei Liebenzell eine kleine Landwirtschaft und wurde Bauer. Mit nützlichen Viechern hatte er sich ja immer schon weit besser verstanden als mit hohen Viechern. Und seine beiden Mädle, das eine inzwischen 13 und das andere 15 Jahre alt, konnten ihm schon tüchtig an die Hand gehen beim Säen und beim Ernten und bei allem anderen, was es sonst noch so an Arbeit gibt in einer Landwirtschaft.

Doch wie's nun einmal so ist, mit einer Leidenschaft: Was eine rechte Katze ist, die läßt das Mausen nicht. Und was ein rechter Demokrat ist, der läßt sich seine Ideale auch von den widerlichsten Widersachern nicht vermiesen. So versäumte der Hopf auch als Bauer keine Gelegenheit, gegen den Staat und gegen Volksverdummung zu wettern. Und so schickten die Wahlbürger des Bezirks Vaihingen/Enz ihren Hopf im Jahr 1862 wieder in den Landtag nach Stuttgart und auf ein neues in den Streit für mehr Demokratie und Mitbestimmung. Nicht nur ihnen, auch allen anderen politisch Interessierten im Land hatte er schon ein gutes Weile zuvor als Redakteur des Stuttgarter Demokratenblättles „Der Beobachter" bewiesen, daß er zwischen seinen Ochsen und Kühen die Kunst der politischen Analyse und die Technik der treffsicheren Polemik keineswegs verlernt hatte.

Und nun, erneut mitten ins demokratische Kampfgetümmel gestellt, packt den Hopf das publizistische Predigerfieber erst recht. Um seine Ideen und Vorstellungen vom rechten politischen Weg, der für ihn stets der linke war, noch wirkungsvoller unters Volk zu bringen, gründet er eine Zeitung. „Gradaus“ nennt er sein Wochenblatt für radikaldemokratische Zeitkritik, denn gradaus ist seine Richtung, und gradaus geht sein Weg. Nun kann er endlich kompromißlos für seine Anschauungen von einer wahren Demokratie streiten und auch nach Herzenslust gegen alles Preußische wettern.

Dann aber kommt das Jahr 1866 und damit der Sieg der preußischen Schwarzweißmaler gegen den flügellahmen österreichischen Doppeladler. Württemberg bemüht sich eilends, den Zug der neuen Zeit in Richtung eines Deutschen Reichs unter Preußens Kommando nicht zu verpassen. Und auch die württembergischen Volksvertreter beeilen sich mehr oder weniger begeistert, den preußischen Reichsexpress nicht zu versäumen. Nur der Hopf läßt sich den Verstand vom nationalen Dampf nicht vernebeln. Unerschütterlich und stur bleibt er sich und seiner geliebten Preußenfeindlichkeit treu. So steht er mit seiner unerschütterlichen Haltung bald allein auf weiter württembergischer Flur. Und da ist es nur eine Frage der Zeit, bis seinem beharrlich in antipreußischem Geist fortwetternden Wochenblättle „Gradaus“ das letzte Stündlein schlägt. Im Jahr 1867 ist's soweit. Dem Herausgeber und Chefredakteur bleibt nichts anderes übrig, als sich beim arg ausgedünnten Häuflein seiner Abonnenten trotzig mit seinem ehernen Wahlspruch zu verabschieden: „Eher brechen als biegen“.

Gebrochen wurde der Franz „Gradaus“ Hopf sein Lebtag nicht. Und es hat auch niemand geschafft, ihn zu verbiegen. Obwohl er im Halbmondsaal des Stuttgarter Parlaments mit der Zeit mehr belächelt als bewundert wurde ob seines notorischen „Nein“ zu allem, was in Richtung Preußen wies. Doch was konnte ihm, der auf der Welle der allgemeinen Kriegsbegeisterung am

22. Juli 1870 im Halbmondsaal als einziger gegen die Kredite für den Siebzigerkrieg gegen Frankreich gestimmt hatte, noch groß passieren. Die schwersten Schicksalsschläge hatte er ausgehalten, selbst von den niederträchtigsten Intrigen hatte er sich nicht beirren lassen. Und immerhin, seine Vaihinger hielten treu und unbeirrbar zu ihm und schickten ihn bei jeder Wahl aufs neue ins Stuttgarter Parlament. Was mochte ihn da ein mitleidiges Lächeln, ein verächtliches Schulterzukken stören.

Eine neue Heimat wenigstens hatte er inzwischen gefunden. Im Haus seiner Tochter in Calw wurde er verstanden und verehrt. Von dort aus machte er sich bis zum Jahr 1876 in alter, guter Gewohnheit auf zu den Parlamentssitzungen nach Stuttgart. Und dort sagte er, wie immer schon, klar und unmißverständlich seine Meinung. Wenn er auch herb enttäuscht war vom Fortgang der großen Dinge, im Kleinen hoffte er doch noch auf die Chance der Verbesserung. So zum Beispiel am 30. April 1876, als es ums sportliche Begleitprogramm zum Cannstatter Volksfest ging und die Preise für die Pferdewettrennen aufgebessert werden sollten.

„Es ist eine Frage der Humanität, die ich zur Sprache bringen will", sagte er mit fester Stumme und versuchte wieder einmal, die Aufmerksamkeit seiner Kollegen im Halbmondsaal zu gewinnen. „Das Wettrennen gilt als integrierender Bestandteil des Volksfestes . . ., aber es ist unstreitbar eine empörende Thierquälerei und erinnert an Schauspiele, wie sie in Spanien und anderen rohen Ländern vorkommen. Diese Art von Ergötzlichkeit, ein schnell vorübergehender Kitzel, eine Spannung auf Kosten des menschlichen Gefühls halte ich für unwürdig und der schönen Menschlichkeit widerstreitend."

Die Herren Kollegen gähnten, feixten oder schüttelten verständnislos den Kopf. Und wieder einmal war der Abgeordnete Hopf mit seinem Appell an die Humanität gescheitert. Er war es längst gewohnt.

„Gestorben sein ist schön, aber das Sterben ist wüst", sinnierte der friedfertige Veteran der württembergischen Demokraten in seinem Calwer Stüble an einem Abend des ewig langen Winters vom Jahr 1886 aufs Jahr 1887. „Abends sich zur Ruhe legen und morgens nicht mehr erwachen", das war eine Vorstellung, mit der er sich anfreunden konnte. Der Herrgott hat seinem wakkeren Streiter für das Erdenparadies das sanfte Übergängle gegönnt. Am Mittwoch vor dem Pfingstfest des Jahres 1887 ist er abends getrost ins Bett gegangen, am Morgen des 27. Mai fanden ihn seine Lieben tot in den Kissen.

Am Pfingstsonntag wurde Franz Hopf, der „Gradaus", auf dem Calwer Friedhof begraben. Und manche, die ihm im Leben so herb und heftig widersprochen hatten, sind gekommen, um an seinem Grab nicht mehr zu sagen als ein leises „Amen".

# Das Evangelium der Wolle

*Ein Stuttgarter Professor als Seelen-Jäger und Gesundheitspapst*

Das Hutmodell „Wurzensepp" machte seinem Namen alle Ehre. Sein Filz war so derb wie das Gemüt eines Wilderers, seine Farbe so grün wie frisches Tannenreis. So gereichte diese Kopfbedeckung einem jeden Männerhaupt zur unverwechselbaren Zier. Doch nicht nur in Hutmode empfahl sich das Versandhaus Jäger in Stuttgart. Auch eine köstliche „Chokolade ohne Vanille, mit ungebläutem Zucker hergestellt und in Pergamentpapier statt des üblichen, verwerflichen Stanniols verpackt", konnte die gesundheitsbewußte und schadstoffkritische Hausfrau der Jahrhundertwende im Oberen Hoppenlauweg der Residenzstadt ordern. Und wenn sie ihren Lieben überdies den Genuß einer wohligen Nachtruhe bescheren wollte, dann bestellte sie beim ersten deutschen Spezialversand für Bio-Produkte natürlich auch die Bettwäsche. Die dreiteilige Matratze mit Kamelhaar-Füllung gab's dort für 177 Mark und 40 Pfennig, der dazu passende und gleichfalls mit den Haaren des Wüstentiers gestopfte Fußkeil war schon für 20 Mark 20 feil. So ausgestattet, durfte die treusorgende Hausmutter gewiß sein, daß ihre Lieben des Nachts nicht allzu heftig in Schweiß gerieten und auch von anderen Beeinträchtigungen des Wohlbefindens glücklich verschont blieben.

Dafür bürgte mit seinem Namen und mit dem ganzen Gewicht seines wissenschaftlichen Rufs ein leibhaftiger Professor: Gustav Jäger, Zoologe, Biologe und Arzt. Ein Naturforscher, der sich bis zu den tiefsten Geheimnisse des Lebens vorwagte. Ein Weltverbesserer, der seine Erkenntnisse mit prophetischer Leidenschaft und wuchtiger Beredsamkeit verbreitete. Und ein Menschenfreund, dem das Wohlergehen des Menschengeschlechts so sehr am Herzen lag, daß er es um seiner Überzeugung willen gern in Kauf nahm, von den Kollegen der wissenschaftlichen Zunft verspottet und verhöhnt zu werden. Doch wacker trotzte dieser Mann all seinen Widersachern. Und je eifriger die Koryphäen der Kathederwissenschaft ihn piesackten und über ihn lästerten, desto heller leuchtete sein Ruhm.

Hundert neue Verehrer wuchsen ihm für jeden Gegner zu, und wer sich seinen Lehren einmal verschrieben hatte, der ließ sich durch nichts und niemanden in seinem Glauben erschüttern. Auf weichen Sohlen und im härenen Kleid folgte die Gemeinde treu und brav den Weisungen ihres wortgewaltigen Propheten. Und es waren beileibe nicht nur blauäugige Zivilisationsflüchter oder verschreckte Kulturpessimisten, die ihr Leib- und Seelenheil nach den zwar etwas absonderlichen, doch immerhin hochwissenschaftlichen Methoden dieses Professors suchten. Durchaus auch nüchterne und kritische Geister beherzigten seinen Wahlspruch bei Tag und auch zur Nacht: „Des Menschen Wolle ist sein Himmelreich!"

Auch der schwäbische Industrie-Pionier Robert Bosch zum Beispiel zählte zur verschworenen Gemeinde der „Jägerianer". Fotografien, die den feinmechanischen Tüftler am Beginn seiner Bilderbuchkarriere zeigen, beweisen das unwiderlegbar. Da ist ein melancholisch angehauchter Milchbart zu betrachten, der eher einem bleichsüchtigen Nachwuchssektierer gleicht als einem zielstrebigen Jung-Manager. Und bestärkt wird dieser Verdacht durch den Aufzug, in dem sich der junge Bosch damals gefallen hat. Eng umschließt ein Stehkragen seinen zarten Hals, seine schmächtige Brust steckt in einer Jacke mit zwiefach geknöpftem und streng gerafftem Brustlatz. So trug der Pionier der elektrischen Industrien seine Begeisterung für die naturphilosophischen und lebensreformerischen Ideen des Professors Gustav Jäger zur Schau.

Während seines Studiums am Königlichen Polytechnikum in Stuttgart hatte Robert Bosch ums Jahr 1883 den damals 51jährigen, kräftig gebauten, ja fast stämmigen und in seinem Wesen zwar etwas groben, doch auch humorvollen Lehrer der Zoologie kennengelernt. Es war eine folgenschwere Bekanntschaft. So nachhaltig erwärmte sich der Studiosus Bosch für die Lehren des Professors Jäger, daß er fortan in keiner anderen Montur als im Wollkleid der Jägerschen Gesundheits-Ideologie seiner Wege wandelte. Und jahrzehntelang blieb Robert Bosch seinem Reform-Anzügle treu. Erst in fortgeschrittenen Jahren und als es ihm angeraten schien, die ökonomischen und politischen Weichensteller seiner Zeit nicht schon durch seinen ungewöhnlichen Aufzug oder Anzug zu irritieren, schlüpfte er in die Durchschnittskittel seiner Zeit. Da aber war die „Normalkleidung" nach dem „System Jäger" in deutschen und in anderen Landen schon so beliebt und begehrt, daß es ihrem weiteren Siegeszug keinerlei Abbruch tat, wenn ein prominenter Werbeträger sie aus Gründen der gesellschaftlichen Konvention ablegte.

Ein weiter und steiler Weg war es gewesen, bis sich der gesundheitsbewußte Teil der Männerwelt freiwillig in die enganliegenden Hosen und Jacken aus Schafwolle zwängte. In jene Kleidungsstücke, die nach der Überzeugung ihres Erfinders so trefflich dazu taugten, den Menschen vor dem gesundheitsbedrohenden Schweißstau zu bewahren. Und noch ein wenig länger brauchte die modevernarrte Damenwelt, um sich von der Schädlichkeit ihrer Leinenhemdchen, ihrer Samtroben und Seidenschleier überzeugen zu lassen und sich für das Gesundheitsgewölle nach dem „Normalsystem" des Gustav Jäger zu begeistern. Für einen Stil von sensationeller Kargheit, dem man auf den ersten Blick ansah, daß er nicht in den Salons mondäner Modemacher erfunden, sondern im Forschungslabor eines unerbittlichen Naturwissenschaftlers entwickelt worden war. Das war natürlich eine ganz ungewöhnliche Sache. Und Jahre hatte es gedauert, bis die Naturphilosophie des schwäbischen Gelehrten reif genug war für den Modemarkt und für das nicht minder einträgliche Geschäft mit der ewigen Sehnsucht der Menschheit nach unverwüstlicher Gesundheit und möglichst langem Leben.

So richtig angefangen hat die Sache eigentlich ums Jahr 1857 in Wien, wo der vielversprechende Nachwuchswissenschaftler sich nach seinem Tübinger Medizin- und Zoologiestudium anschickte, das Tierreich neu einzuteilen, um sich damit die Professorenwürde zu erwerben. Die Chancen standen dafür eigentlich nicht schlecht. Mit einer tiefschürfenden Arbeit über einen bis dahin kaum beachteten Sehnenknochen des Vogelflügels hatte der junge Schwabe bei den Würdenträgern der Wiener Wissenschaftswelt mächtig Eindruck gemacht. An fachlicher Reputation fehlte es ihm also nicht. Es war ein ganz anderer Umstand, der seinen Aufstieg in den k. und k. Wissenschaftshimmel vereitelte. Gustav Jäger war ein Pfarrerssohn und zwar ein durch und durch legitimer. Doch genau dieser Umstand behinderte die Wissenschaftskarriere des jungen Jäger nachhaltig. Es war für den Wiener Erzbischof nämlich schlichtweg unvorstellbar, einen Professor lutherischen Glaubens in der Stadt seiner christkatholischen Zuständigkeit zu dulden.

Immerhin zeigte sich auch der Schwabe von unbeugsamer Geradlinigkeit. Er widerstand tapfer der Versuchung, seinem Väterglauben aus Karriererücksichten abzuschwören. Und so wurde er in Wien nicht Hochschullehrer, sondern Zoodirektor. Beim Prater, der auch damals schon der erste Platz für Volksbelustigungen in Wien war, richtete sich der freischaffende Forscher mit Frau, Kindern und allerlei exotischen Viechern in eilends erbauten Mehrzweckbaracken ein. Und als erster Zoodirektor war er bald bekannter als alle Wiener Professoren miteinander. Nach Herzenslust konnte er dort nun nicht nur theoretisch, sondern ganz praktisch das Leben der mehr oder weniger wilden Tiere studieren.

Eine Erkenntnis seines messerscharfen und analytisch durchtrainierten Verstandes hat ihn dabei ganz besonders fasziniert. Er hatte beobachtet, daß die Mitglieder seiner Menagerie niemals übermäßig ins Schwitzen gerieten. Mochten sie auch nach Herzenslust toben und tollen, kein Tröpflein Schweiß perlte von ihrem mehr oder weniger dichten Haarkleid ab. Eine Merkwürdigkeit höchsten Grades, dachte sich der Zoologe mit kriminalistischem Scharfsinn. Und er entschloß sich, die Sache mit aller Gründlichkeit zu untersuchen. Noch etwas anderes fiel ihm auf in der weiten Welt des Tierreichs. Selbst der bittersten Winterskälte vermochten die Wesen seiner wissenschaftlichen Zuwendung ohne weiteres zu trotzen. Und im Gegensatz zu den nur dürftig behaarten Menschen wurden sie auch nie von Schnupfen, Husten, Heiserkeit oder all den anderen typischen Winterleiden geplagt.

Ausgiebig sann der Zoologe auch über diese Eigentümlichkeit nach. Bis in ihm schließlich die Erkenntnis reifte, daß dieser Befund etwas mit den grundverschiedenen Systemen der Wärmeregulation bei Mensch und Tier zu tun haben müsse. War doch zum Beispiel jeder Hund dank seines hautengen Haarkleids bestens in der Lage, der Wärme so gut wie der Kälte zu trotzen. Und wie wunderbar war gar das Schaf gegen die Wechselfälle der Witterung gefeit. Trotz seines dicken Zottelfells überstand es selbst die hitzigsten Sommertage ohne jeden Schweißausbruch.

Tiefer und tiefer drang der unermüdliche Analytiker in die Geheimnisse der tierischen und menschlichen Befindlichkeit ein. Doch bevor er sie erschöpfend ergründen konnte, war zuerst einmal ein Umzug fällig. Der Schlachtruf „Krieg mit den Preußen" schreckte den Forscher in seiner Wiener Wissenschaftsklause auf. Und weil die Menschen auch damals schon sehr dazu neigten, im Zustand des nationalen Taumels die feineren Unterschiede zu vernachlässigen, drückte die Woge des allgemeinen Preußenhasses auch den harmlosen Schwaben hinaus aus der Behaglichkeit seiner österreichischen Wahlheimat. So ließ er sich in Stuttgart nieder und sicherte seiner Familie und sich zunächst mit populärwissenschaftlichen Aufsätzen den Lebensunterhalt.

Im Jahr 1867 bekam er aber dann einen Lehrauftrag für Zoologie an der Königlichen Land- und Forstwissenschaftlichen Akademie in Hohenheim, wo er mit seinem Wissen über die Züchtung der Seidenraupe ausgiebig brillieren konnte. Als Fachmann für Gesundheitslehre wurde er bald auch am Königlichen Polytechnikum, der späteren Technischen Hochschule, in Stuttgart gebraucht. Und dank seiner ausgewiesenen Fertigkeit im Umgang mit dem Mikroskop, dem damals sensationell neuartigen Instrument zur feineren wissenschaftlichen Beobachtung, erhielt er im Jahr 1876 auch noch eine Anstellung an der Königlichen Tierarzneischule – den Professorentitel inbegriffen. Doch bei allem Lehren und Unterrichten fand der Professor Jäger stets auch noch Zeit und Muße, seine eigenen Interessen zu pflegen und seine ganz speziellen Untersuchungen zur Frage der menschlichen Widerstandskraft gegen die Unbilden der Natur und gegen mancherlei andere Gefahren anzustellen, denen der Mensch existenziell ausgesetzt ist.

Dazu besuchte er Ende der Sechzigerjahre seines Jahrhunderts regelmäßig die Ertüchtigungshallen der neuen Turnlehrerbildungsanstalt in Stuttgart. Die leitete sein Bruder Otto, der sich als erster Vorturner des Königreichs Württemberg bald mit dem Spitznamen „Turn-Jäger" schmücken durfte. Die künftigen Dorfschul-Athleten, die sein Bruder unbarmherzig drillte, untersuchte Gustav Jäger auf Herz und Nieren und auf ihre allgemeine Leistungsfähigkeit. Dabei stellte er fest, daß ihre Anfälligkeit für gesundheitliche Gebresten genau in dem Maß abnahm, in dem ihre körperliche Fitness Fortschritte machte. Noch bevor er aber auf diesem Forschungsgebiet zu hieb-und stichfesten Ergebnissen kam, wurden die Turnlehrerkurse vorläufig eingestellt. Der gestählte pädagogische Nachwuchs mußte Gewehr und Tornister schultern, um in den Siebzigerkrieg gegen Frankreich zu ziehen. Ersatzweise knüpfte sich der Professor Jäger nun die Jungrekruten vor, die für den Fronteinsatz getrimmt wurden. Und auch bei ihnen beobachtete er genau jenes Phänomen, das ihn bei den angehenden Turnlehrern bereits so sehr fasziniert hatte.

Glücklicherweise war es dem Fitness-Forscher inzwischen auch gelungen, eine Technik zur exakten Bestimmung der menschlichen Leistungsfähigkeit zu entwickeln. In der Leitfähigkeit der Nerven hatte er das Kriterium entdeckt, das ihm exakt Auskunft gab über den Grad der körperlichen Kondition. In aufwendigen Versuchen war ihm aufgegangen, daß die Leitfähigkeit der menschlichen Nerven umso größer ist, je weniger Fett und je weniger Wasser der Mensch inwendig mit sich herumschleppt. Eine Einsicht, die sich leicht zu einer nützlichen Lebensregel schmieden ließ: Fleißig Sport und reichlich Schwitzen kann dem Körper mächtig nützen. Eine Praxis, die bekanntlich bis heute die Abwehrkräfte des Menschen gegen mancherlei Krankheiten stärkt.

Immer tiefer drang der unermüdliche Erkenntnisjäger in die Geheimnisse des Wärmeaustauschs ein. Wenn die Tiere dank ihres ausgeglichenen Wärmehaushalts niemals sichtbar schwitzen, so sinnierte er, dann muß das wohl mit ihrem Fell zu tun haben. Und damit dieses Fell stets trocken bleibt, so schloß er weiter, dann muß es wohl so duftig und durchlässig beschaffen sein, daß sich in kurzer Zeit und auf dem Wege der Verdunstung alle Feuchtigkeit daraus verflüchtigt und den Körper vor gesundheitsschädlichem Nässestau schützt. Schon ahnte der Findige, wieviel für das Wohlbefinden des Menschen gewonnen sein müßte, wenn er einerseits tüchtig schwitzen und andererseits seinen Schweiß ohne jede Verzögerung an die luftige Umgebung loswerden könnte. Eine Erleuchtung, die ihn bald mit Macht dazu drängte, allen menschlichen Wesen zur Steigerung ihres Wohlbefindens Strickwerk aus reiner Tierwolle ans Herz und an den Leib zu legen.

Doch bevor der Forscher die Zeit fand, diese tiefe Einsicht zur lebensreformerischen Gesundheitslehre auszubauen, wurde sein ungeheurer Erkenntnisdrang von einem weiteren Phänomen gereizt. Als er in seiner Zeit als Wiener Zoodirektor mit Familie und Getier in friedlicher Gemeinschaft unterm Dach seiner Dienstbaracke gehaust hatte, hatte er es förmlich erschnüffelt, daß es auch mit dem mehr oder weniger angenehmen Geruch der Lebewesen seine ganz besondere Bewandtnis haben müsse. So ungefähr nach dem Motto: Laß mich riechen, wie du stinkts, und ich sage dir, wer du bist. Oder gar noch ein wenig zugespitzter: Du riechst aber gar nicht gut, also vermute ich, dir stinkt's.

Auch durch den olfaktorischen Themenkomplex schnüffelte sich der wackere Professor nun mit der ganzen Kraft seines Scharfsinns. Mit seltener Besessenheit entwickelte er seine Lehre von den Lust- und Unlustdünsten der Geschöpfe und baute diese Theorie zu guter Letzt aus zu einem Erklärungsmodell für den Zustand der beseelten Welt schlechthin. „Krankheit ist Gestank", behauptete er schlankweg und auch, daß jegliches Körperleiden einzig und allein daher rühre, daß der Körper gesundheitsschädliche Stoffe nicht rechtzeitig loswerden könne. „Selbstgift" nannte er den Stoff, aus dem für ihn alle Krankheiten kamen, und er empfahl seinen staunenden Mitmenschen zur Vorbeugung gegen jegliche Krankheit, solche „Selbstgift"-Depots erst gar nicht enstehen zu lassen. So war er bei seiner Duftstoffanalyse wieder genau dort angekommen, wo er seine Theorie vom Segen allen Schwitzens verlassen hatte, um den Geheimnissen des kreatürlichen Gestanks auf die Spur zu kommen.

Nun aber war es wirklich höchste Zeit, die theoretischen Erörterungen mit der praktischen Nutzanwendung zu krönen. Um den Giftstoffen das Entweichen aus dem Körper möglichst leicht zu machen, erfand Gustav Jäger seine „Reform-" oder „Normalkleidung": Hemden, Hosen, Jacken, Kleider und Unterkleider aus der reinen Wolle des gesunden Tiers. An keinem anderen als diesem Stoff sollte die Menschheit jetzt endlich und schleunigst genesen. Nur die reine und ungefärbte Wolle vom Schaf, vom Kamel oder von anderen edlen Tieren hielt er für saugfähig und gleichzeitig für durchlässig genug, um die gefährlichen „Selbstgifte" des Menschen gefahrlos verduften zu lassen. Folgerichtig traf sein wissenschaftlicher Bann die ganze leinene und baumwollene Modekultur bis in das Unterfutter. Mit einer an Unerbittlichkeit grenzenden Überzeugungskraft predigte der neue Gesundheitspabst fortan sein „Evangelium der Wolle". Und alle, die sich von Kopf bis Fuß seinem „Woll-Regime" unterworfen hatten, glaubten unbeirrbar daran, daß das Glück wenn auch nicht ewiger, so doch lebenslanger Gesundheit aus keinem anderen Stoff gemacht sei als aus dem Fell von Schafen und Kamelen.

Die in ihrem wissenschaftlichen Selbstverständnis eher konventionell gestrickten Kollegen Gustav Jägers aber rümpften ob dieser eigenwilligen Theorie ungehalten bis angewidert ihre gelehrten Nasen. Und als sich der Unerschrockene auch noch dazu verstieg, das Geruchsfluidum des Menschen als den Sitz seiner Seele zu entlarven, da fielen die weniger originellen Autoritäten der Gelehrsamkeit gnadenlos über den eigenwilligen Geruchsphilosophen her. Die Frömmeren unter ihnen ziehen ihn der Gotteslästerung und wunderten sich nicht allzusehr über dessen Anmaßung, die Seele des Menschen in flüchtige Duftstoffe zu zerstäuben. Sie hatten nicht vergessen, daß der streitbare Schwabe schon vor Jahren mit der Verteidigung der Darwinschen

Theorie von der Entstehung der Arten einen gewissen Aufmerksamkeitseffekt erzielt hatte. Die eher materialistisch ausgerichtete Fraktion der Naturwissenschaftler dagegen wähnte ihren Kollegen von allen guten Geistern der empirischen Künste verlassen. So war auch für sie die neue Lehre von den Seelendüften nichts als der reinste Humbug. Jedenfalls hat das Werk von der „Entdeckung der Seele", das 1878 erschien, seinem Autor nicht nur einen gewaltigen Popularitätsschub, sondern auch kübelweise Spott eingebracht.

Einer wie der Jäger aber ließ sich darob nicht verdrießen. Wo immer einer seiner Feinde versuchte, seiner Seelenlehre einen Streich zu versetzen, da schlug der Unerschrockene mit seiner ganzen Sprachgewalt zurück. So lange jedenfalls, bis seine Selbstverteidigungspamphlete in den Redaktionsstuben der einschlägigen Fachzeitschriften wegen allzu ausgeprägter Absonderlichkeit nur noch im Papierkorb landeten. Eine Entwicklung, die den Professor Jäger zwar sehr empörte, ihn aber keineswegs zum Schweigen brachte.

Kurz entschlossen gründete der Unverzagte sein eigenes Zentralorgan. Zum ersten Mal erschien „Prof. Dr. G. Jaegers Monatsblatt", die neue „Zeitschrift für Gesundheitspflege und Lebenslehre", im Jahr 1881 und erst 28 Jahre später zum letzten Mal im Stuttgarter Kohlhammer Verlag. In kurzer Zeit schon wurde das wundersame Periodikum zur Serien-Bibel für alle „Jägerianer". Und so mancher Apostel seiner Heilslehre gebrauchte es als willkommenes Narkotikum gegen alle Kritik am neuen Glauben und als Stimulans, um schnellstens nach der unvergleichlichen Façon des Professors Dr. Gustav Jäger selig zu werden.

Nicht nur eine Streitschrift zur Verteidigung der Jägerschen Theorien war dieses Blättchen im handlichen

Jackentaschenformat, es war auch die Plattform zur Diskussion aller erdenklichen Welterscheinungen und ein allwissender Ratgeber für alle Lebenslagen obendrein. Vor allem die Schulmedizin bekam dort ihr Fett ab. Außerdem wurde darin auch so manches erbitterte Gefecht gegen die praktische Unvernunft der Lebensführung geführt und gegen allerlei andere Auswüchse des industriellen Zeitgeists. Lange Jahre zum Beispiel kämpfte das Monatsblatt streitbar gegen den „Schulmoloch", womit die Überlastung der Kinder durch allzu üppige Hausaufgaben gemeint war.

Doch auch für mehr Erwachsenenfreiheit, speziell für den Achtstundentag, fochten der Herausgeber und seine Redakteure. Was Wunder, daß es gerade Robert Bosch war, der in seinem Unternehmen im Jahr 1894 schon den Neunstundentag einführte und sich mit dieser menschenfreundlichen Initiative in Unternehmerkreisen recht unbeliebt machte. Der Kampf der „Jägerianer" gegen die „Überbürdung der Schuljugend" allerdings sollte noch ein wenig länger dauern. Erst im Jahr 1906 wurde in Württemberg per Ministerialerlaß angeordnet, die Hausaufgaben zu vermindern und die Unterrichtszeit um täglich drei bis viereinhalb Stunden zu verkürzen.

Die Weltverbesserung en gros und im Detail war das große Anliegen dieses Gemeindeblatts für Gesundheitsbewußte und sein Herausgeber der berufene Wegweiser zum Besseren. Ob er gegen die „Mißhandlung der Milch" durch allzu radikale Bakterienjäger wetterte oder sich am Beispiel des „Hauptmann von Köpenick" für die Freiheitsstrafe auf Bewährung einsetzte, sein Donnerwort wurde gehört. Die Technik, mit der Wünschelrute nach Wasser zu spüren, verteidigte er mit ebensolcher Vehemenz, wie er „Mutterbrust, Wolle und frische Luft" als die tauglichsten Mittel gegen Säuglingssterblichkeit empfahl.

Dabei scheute sich der kompromißlose Weltreformer nie, der Öffentlichkeit auch ungeniert Ereignisse aus seinem ganz privaten Leben kundzutun, um an solch praktischen Beispielen die Gültigkeit seiner Theorien zu erhärten. „Wissenschaft ist Courage" war Gustav Jägers Lebensmotto. Und was er predigte, das lebte er auch. So berichtete er zum Beispiel im Jahr 1907 und in der Nummer 3 des 27. Jahrgangs seines Monatsblatts im trockenen Ton des wissenschaftlichen Beobachters und ohne einen Hauch von Schmerzensqual vom Tod seiner Frau: „Vor zehn Jahren begann die allmähliche Entwicklung einer Kreuzlähmung, die auf erbliche Anlage zurückzuführen ist. Daraus ergab sich immer mehr die Unfähigkeit zu der für die Erhaltung der Gesundheit notwendigen Pflege der Körperbewegung. Dieses beschauliche Leben wurde noch gefördert durch den Hang der Entschlafenen für stille häusliche Beschäftigung mit den Werken der Dichtkunst. Solche Lebensweise mußte notwendigerweise zu einer Schwächung des gesamten Bewegungsapparates und natürlich auch des Herzens (Fettherz) führen."

Auch versäumte es der wackere Witwer nicht, in diesem Aufsatz zu erwähnen, daß seine Lebensgefährtin erst in ihrer zweiten Lebenshälfte, nach neun Geburten und einigen Fehlgeburten, die „Segnungen des Woll-Regimes voll zu genießen gehabt" habe. Eingedenk dieser Umstände, so seine nüchterne Schlußfolgerung, sei seine Frau mit 71 Jahren und zwei Monaten eigentlich recht alt geworden. Eine Einsicht, die seine mitfühlende Gemeinde mit Beruhigung zur Kenntnis nahm.

Einigermaßen überrascht waren die Glaubensschwestern und Glaubensbrüder des Professors Jäger allerdings, als sich ihr immerhin auch schon 73jähriger Meister kein halbes Jahr nach dem Ableben seiner treuen Lebensgefährtin auf ein neues vermählte. Und so manche Gazette konnte sich bei der Erwähnung dieses Ereignisses einer gewissen Süffisanz nicht erwehren. Zumal die Auserwählte ihrem Gatten zumindest an Jahren alles andere als ebenbürtig war. In reifer Gelassneheit trotzte der Frischvermählte den spitzen Lästerzungen: „Nach dem Tod meiner Frau brach, wie so häufig bei langen und engen ehelichen Verhältnissen, die Heimwehkrankheit in einer für meine Gesundheit bedrohlichen Weise aus, und wenn ich mich jetzt wieder einer kräftigen Gesundheit erfreue, so verdanke ich es dem Schritt, den ich mit richtigem Instinkt getan habe."

Die Selbsttherapie hatte offenbar angeschlagen. So war es für den glücklich Geheilten nur selbstverständlich, in aller Öffentlichkeit auch über die Mühe seiner Trauerarbeit zu berichten, seine Gesundung vom „Zehrfieber" als eine stufenweise Entwöhnung vom Genuß langer Gemeinsamkeit zu beschreiben, durchaus vergleichbar mit den Leiden eines Rauchers beim Abschied von seinem nikotinseligen Laster. „Als meine Frau starb", gestand der Bekenntnisfreudige, „waren sieben Jahre vergangen, seit ich das 54 Jahre anhaltende und zwar mit stärkstem (türkischen) Tabak betriebene Rauchen vollständig aufgegeben hatte. Dabei erfuhr ich am eigenen Leib, was Gewöhnung an einen Gegenstand – heiße er, wie er wolle – ist und was die Folgen und Erscheinungen bei und nach dem Verlust desselben sind."

Zarte Gemüter mögen diesen Vergleich vielleicht als nicht besonders charmant empfinden, aber es war noch nie die erste Aufgabe der Wissenschaft, auf Regungen des Zartgefühls besondere Rücksicht zu nehmen. Und was ein rechter Weltverbesserer ist, der kennt auch sich selbst gegenüber kein Pardon. Zudem war der Herr Professor durch seinen immerwährenden Kampf gegen die kleinkarierte Mäkelei an seinen Erlösungsideen seelisch einigermaßen abgehärtet. Eine recht dicke Haut war ihm mit den Jahren gewachsen. Die war ein verläßlicher Schutz gegen die Nadelstiche und Seitenhiebe seiner zahlreichen Widersacher. Ansonsten hielt er's mit der weisen Gelassenheit Goethes: „Sich neue Bahnen brechen, heißt, in ein Nest von Wespen stechen."

Nur halb so überzeugend aber wäre der Erfolg dieses wissenschaftlichen Tausendsassas gewesen, hätte er sich darauf beschränkt, sein Himmelreich der Wolle nur zu predigen. Doch war dieser Gustav Jäger so gut ein Mann der praktischen Tat wie der spekulativen Theorie. Und die urschwäbische Begabung zur Geschäftstüchtigkeit war ihm nicht minder zu Diensten wie der Drang, die Menschheit zum Besseren zu belehren. Nicht mehr als einen kleinen Anstoß von kundiger Seite brauchte es, um das wissenschaftliche Kapital umzumünzen in geschäftlichen Erfolg. Dazu war der württembergische Wirtschaftsförderer Ferdinand Steinbeis genau der richtige Mann. Er machte den Professor Jäger mit den beiden Chefs einer aufstrebenden Degerlocher Strumpfwirkerei bekannt. Die Gebrüder Benger erkannten sofort die große Chance, ihr Fabrikle mit der Produktion von Gesundheitswäsche nach Jägers Wirkmuster zu einer Weltfirma auszubauen. Zumal der umsichtige Steinbeis dem umtriebigen Professor rechtzeitig den Rat gegeben hatte, sein „System" patentieren zu lassen, um es vor unbefugter Ausbeutung zu schützen.

Das Projekt ließ sich sehr gut an. Von 1867 an surrten die Rundwirkstühle der Benger-Brüder tatsächlich immer schneller. Bald war die Nachfrage nach Jägers „Normalkleidung" kaum mehr zu befriedigen. So zog die Firma Benger im Jahr 1882 von Degerloch nach Heslach um und produzierte nun in den weitläufigen Fabrikhallen der einstigen Eisengießerei Kuhn. Von dort aus machte sich allabendlich ein besonders vertrauenswürdiger Lehrbub mit einem hochbepackten Handwagen auf den Weg zum Professor Jäger, der sich hinter der Hegelstraße, in der neuen Wohngegend für die Stuttgarter Hautevolee, ein schmuckes Haus gebaut hatte. Mit strengem Blick prüfte der geistige Schöpfer der „Normalkleidung" dort Abend für Abend die Tagesproduktion aus seinem Heslacher Lizenzbetrieb, drückte den wohlgeratenen Wollhemden und Wollhosen eigenhändig seinen runden Garantiestempel auf. Und immer länger mußte der Lehrbub auf den Feierabend warten, denn nicht nur in Deutschland boomte das Geschäft mit den Kitteln, Hosen und Kutten nach dem „System Jäger". Auch in England und in den USA fühlte man sich in den gesundheitsfördernden Hüllen nach Stuttgarter Machart schweißfrei wohl.

Die wunderlichsten Ausprägungen nahm die „Normal-Mode" mit der Zeit an. Geschäftstüchtige aller Sparten bewarben sich um eine Konzession vom Professor Jäger in Stuttgart und sicherten sich damit ihren Anteil am Erfolg, den seine Schutzmarke garantierte. „Normal-Sonnen- und Regenschirme aus reiner Wolle" produzierte der Kleinfabrikant Rennenmüller, und die Firma Rammenstein in der Stuttgarter Büchsenstraße legte ihrer weiblichen Kundschaft wärmstens „Normal-Korsette" aus Kamelwolle ans gesundheitsbewußt bebende Herz. Der königliche Stuttgarter Hoflieferant Schmich warb mit „Normal-Hosenträgern" um die männliche Kaufkraft, und in Donaueschingen warf der Bürstenfabrikant Kunz „Normal-Bürsten für Wollstoff“ auf den Markt. Die Württembergische Normalbetten-Manufaktur von Gustav Köber widmete sich im Stuttgarter Königsbau eifrig der „Prof. Jägerschen Bettreform“, ließ ihre Natur-Matratzen mit reiner Natur-Schafwolle stopfen und pries allerorten ihre Bettwäsche aus Doppel-Kaschmir an.

Die „wollenen“ Angehörigen der werktätigen Klassen durften sich bei Franz Entreß den gestrickten „Normal-Arbeiteranzug“ kaufen und sahen darin aus wie ein Mischung aus Leichtmatrose und Robin Hood. Doch auch dem eher national gesinnten Bürgersmann wurde es leicht gemacht, sein Äußeres zu normalisieren. Bei Fünfgeld-Thomen im badischen Müllheim gab es den „Deutschen National-Anzug mit Wettermantel“ nach dem System Jäger. Das war ein ehrfurchtgebietendes Modell, nicht ohne einen Hauch von klassischer Koketterie: Unter dem weiten Überwurf nach dem Vorbild einer römischen Toga blitzte ein zart gefälteltes und bortengeziertes Männerröckchen hervor. Nicht minder originell war der Einfall des Dresdener Rauchwarenhändlers Kalle. Der ließ seine „Cigarren und Cigaretten garantirt aus importirten, überseeischen Tabaken“ drehen, besorgte sich in Stuttgart das umsatzfördernde Markenzeichen des Professors Jäger und behauptete unverblümt, seine Glimmstengel seien „frei von allen gesundheitsschädlichen Bestandtheilen“.

Auf ein ganz und gar absonderliches Allheilmittel à la Jäger spezialisierte sich jedoch der Cannstatter Apotheker Mayer. Er ließ in seiner „homöopathischen Centralapotheke“ Anthropinkügelchen drehen. Eine Arznei, die aus den Haaren von „lebenden, gesunden und kräftigen Personen gewonnen“ wurde und gegen Magenbeschwerden, Kopfweh, Rachitis, Husten und Heiserkeit genauso wirksam helfen sollte wie gegen Schweratmigkeit, Müdigkeit, Gicht, Hartleibigkeit und Rheumatismus. Ein ganz spezielle Mischung aber war das „Jungfrauenanthropin", das auf den nicht mehr ganz so munteren Herrn „belebend und heiterstimmend" wirken sollte. Was immer diese Wunderdroge zustande brachte, soviel jedenfalls bewirkte sie: Den weniger originellen Wissenschaftskollegen des Stuttgarter Wundermanns standen wieder einmal die Haare steil zu Berge, und sie rührten aus Wut, Verachtung und Empörung auf ein neues ihr publizistisches Gegengift an, um den Professor Jäger vor aller Welt lächerlich zu machen.

Auch diese Turbulenzen überstand der Stuttgarter Gesundheits-Guru unbeschadet. „Viel Feind, viel Ehr'", war seine in Jahrzehnten bewährte Maxime. Überdies stärkten solche Kampagnen nur die Gemeinde seiner Anhänger, die sich 1885 schon zu einem „Gustav-Jäger-Verein" zusammengeschlossen hatten. Und sollte die Not des Zweifels und der Anfechtung zuweilen doch ein wenig an ihrem Glauben nagen, dann konnten sie sich zur Stärkung um die schmucke „Portrait-Statuette" ihres Lehrmeisters scharen. Die war in ihrem Innersten zwar aus Gips, doch strahlte sie rein äußerlich sehr überzeugend im Schein ihrer bronzenen Ewigkeits-Patina.

So sehr das Lebenswerk dieses extravaganten Naturforschers, Gesundheitsapostels und Heilkundigen auch auf die Ewigkeit gemünzt war, nachdem der Professor Jäger am 13. Mai des Jahres 1917 mit gesegneten 85 Jahren die Erkenntnisbahnen des Diesseits verlassen hatte, geriet sein „Woll-Regime" bald ins Wanken. Das Häuflein derer, die ihre Seele mit der Nase und ihr Heil in naturbelassenem Gewölle suchten, wurde sehr schnell kleiner. Und mit den Jahren verloren sich die herrenlosen „Jägerianer" notgedrungen in den Weiten neuer Heilslehren. Die aber waren auch nicht weniger absonderlich als jene, die ihnen der schwäbische Woll-Apostel in seinem unstillbaren Erkenntnisdrang gestiftet hatte.

# Der Räuberschreck von Sulz

*Georg Johann Schäffer,*
*ein Beamter ohne Fehl und Tadel*

Entweder war dieser herzoglich württembergische Soldat bodenlos dumm und hemmungslos leichtsinnig, oder er war schlicht und einfach verliebt. Vielleicht kam aber auch das eine erschwerend zum andern hinzu. So oder so, der Christoph Pfister jedenfalls, Spitzname „Toni", war am Abend des 4. April 1786 bar jeder Vernunft und Verstandeskraft. Hätte er seine Sinne nur einigermaßen beieinander gehabt, dann hätte er sich lieber die Zunge abgebissen, als dem Zigeunermädchen Ursula oder Urschel in der Schankstube des Gaisbühlhofs, einer Absteige nicht weit von Reutlingen, den weinseligen Abend mit Liebesschwüren zu versüßen.

Mit einer unglaublichen Ausdauer becherten und turtelten sich die beiden durch den Abend. Und als der Wirt weit nach Mitternacht die Stühle auf die Tische stellte, um dem Liebesgeflüster gnädig ein Ende zu machen, da setzte der heftig entflammte Toni noch eins drauf. Er nötigte dem attraktiven Weibsbild mit dem Rest seines noch nicht im Alkohol versoffenen Charmes das Versprechen ab, sich an anderen Tag abermals zu treffen. Beim Viehhäusle, ganz in der Nähe des Gaisbühlhofs, schlug der Toni vor. Da schaute ihm die Urschel tief in die sehnsuchtsglänzenden Augen und nickte sehr verheißungsvoll. Schließlich war sie nicht auf den Kopf gefallen, dafür aber schon so manches Mal in die Strohbetten, die unterm Dach dieses Viehhäusles so einladend ausgebreitet waren. Dann stand die Urschel auf, rückte mit geübtem Griff ihr wohlgefülltes Mieder zurecht und warf behend ihr Bündel über die Schulter. Und noch bevor der Toni sein Glück so recht begreifen und die Zeche begleichen konnte, war die Schöne verschwunden im Schattenlabyrinth der Nacht.

Natürlich wäre es dem Toni am liebsten gewesen, er hätte die Urschel noch gleich in dieser Nacht von der romantischen Tauglichkeit des Viehhäusles überzeugen können. Aber nun war sie auf und davon, wie fortgestohlen. Notgedrungen stolperte der Toni allein hinüber zum windschiefen Bretterschopf. Um einen Rausch auszuschlafen, braucht der Mensch ja nicht unbedingt zu zweit zu sein.

Weit weniger erregend waren die Abendstunden dieses schmeichelhaft milden Apriltags für den Sulzer Oberamtmann Schäffer. Er hockte beim Flackerlicht der Kerze wieder einmal über seinen Steuerlisten. Gefährlich nahe beim Tintenfaß lag ein Stück Griebenwurst, daneben ein Riebel Brot. Er hatte sein Vesper nicht angerührt. Seit Tagen schon spürte er so einen eigenartigen Druck, ein wirklich lästiges Zwicken in der Magengegend. Seine Frau hatte das natürlich wieder auf den Most geschoben, der in diesem Jahr tatsächlich ein bißle räs ausgefallen war. Aber der war es nicht. Vor einer Woche schon war aus der Kanzlei des Herzogs ein Schreiben gekommen, und das war wieder einmal so richtig nach seinem Geschmack gewesen. Seit Monaten sei er mit seiner Steuerabrechnung im Rückstand, hieß es da, und in Stuttgart sei man nicht länger bereit, eine solche Schlamperei zu dulden. Der Kanzleischreiber hatte das natürlich ein bißchen vornehmer formuliert. Aber der Adressat war durchaus in der Lage, auch zwischen den Zeilen zu lesen.

„Die elende Federfuchser und Griffelspitzer", hatte der Oberamtmann gewütet, als er den Schrieb studiert hatte. Und so heftig war seine Faust dabei auf den Tisch gekracht, daß sich das herzogliche Siegel noch eine Stunde später deutlich an seinem Handballen abzeichnete. Nur, das hatte nicht viel geholfen. Außer, daß sein Luisle ihm ohne mit der Wimper zu zucken ein Glas vom dreijährigen Birnenschnaps einschenkte. Was auch nicht jeden Tag so ohne weiteres vorkam. Bei allem Lamentieren, das Steuereintreiben gehörte nun einmal zu seinen Amtspflichten. Auch wenn's ihm manchmal grad wie 's Dreckfressen war.

In solche, nicht gerade erhebenden Gedanken war der Sulzer Oberamtmann versunken, als der Nachtwächter auf dem Marktplatz die erste Morgenstunde ansang. Der Amtmann rieb sich erstaunt die geröteten Augen, knetete sich unwillig die verkrampften Hände und stand auf, um sich endlich zur Ruhe zu legen. In der Schlafkammer schlupfte er vorsichtig neben sein Luisle ins Bett. Und nach wenigen Minuten schon war er eingeschlafen.

Hoch am Himmel stand die Sonne, als der Pfister Toni am anderen Morgen aus einem wunderbaren Traum erwachte. In der Schankstube des Gaisbühlhofs hatte er gesessen, gerade so, wie am Abend zuvor. Und auf dem Tisch tanzte wild und verführerisch die schöne Urschel. Nur für ihn allein. Immer wilder und ungestümer drehte sie sich, und dabei wirbelte ihr Rock auf und ab und nicht nur einmal bis weit hinauf übers Knie. Und dann, als sie ihm endlich müde und erschöpft in die Arme sank, kam ihr feuchter, roter Mund dem seinen nahe, ganz nahe ... Ausgerechnet in diesem vielversprechenden Moment wachte der Toni Pfister auf und blickte erstaunt in die großen, braunen Augen seines treuen Hundes. Tief enttäuscht rappelte sich der Träumer auf, schüttelte sich das Stroh aus den Kleidern, grubelte den Wachspfropfen aus seinem Sutterkrug und nahm einen kräftigen Schluck. Dann schlurfte er noch etwas benommen hinaus vors Viehhäusle, schaute hinauf zum zartblauen Himmel, spürte ein sanftes Lüftle um die Nase und entschloß sich, die Zeit bis zum Abend mit Ameisenzählen und Grashalmkauen zu vertreiben. Kurz nach dem Betzeitläuten, so war es abgemacht, würde die wunderbare Urschel wiederkommen. Der Toni war wild entschlossen, seinen Traum, der so jäh geendet hatte, weiterzuträumen. Diesmal aber in Wirklichkeit und bis zum süßen Ende.

Weder in einem Bett aus weichen Daunen und auf dem Ruhekissen eines reinen Gewissens noch auf einem Lager von Stroh hat die Urschel, das umtriebige Mensch, die laue Nacht vom 4. auf den 5. April des Jahres 1786 verbracht. Kaum hatte die Dunkelheit die Silhouette des Gaisbühlhofs verschluckt, da nahm die Maid ihre Rockzipfel in die Hand und lief so schnell sie konnte übers Feld. Nach gut einer halben Stunde sah sie von weitem, am Rand eines dichten Tannenwäldchens, den schwachen Schein eines Feuers. Erleichtert atmete sie auf. Sie waren also noch da, Gott sei Dank.

„Woher, du Mensch, du lausig's?" fuhr der Wenzel sie mürrisch an, als sie sich zaghaft dem Feuer näherte. „Komm her, Urschel, iß ebbes!" begrüßte sie der Duli deutlich einladender und streckte ihr einen leicht angekohlten Hühnerschlegel entgegen. Die Urschel setzte sich, lehnte sich mit dem schmalen Rücken zärtlich an die starke Schulter des Duli und knabberte genüßlich am Hühnerbein. Den beiden gegenüber hockte der Postel, seinen Schlapphut tief ins Gesicht gezogen und stocherte mit seinem Knotenstock gedankenverloren in der Glut.

„I han da Toni troffa, uff'm Gaisbühlhof", ließ die Urschel wie beiläufig fallen. Wie vom Schlag getroffen fuhren die drei auf aus ihrer Gedankendröselei und starrten ihre Gefährtin entgeistert an. Und nun erzählte die Urschel, während sie lustvoll an ihrem Hühnerknochen nagte, lang und breit von ihrer Begegnung mit dem Toni und von den unmißverständlichen Avancen, die er ihr bei Wein und Schnaps gemacht hatte. „So, jetzt isch's soweit", knurrte der Wenzel entschlossen, als die Urschel mit ihrer Erzählung und mit ihrem Hähnchenschlegel soweit war. „Jetzt hot sei letscht's Stündle g'schlage!"

Ein ganz erbärmlich zugerichtetes Häuflein Mensch entdeckten im Morgengrauen des 6. Juni ein paar alkoholbeseelte Nachtschwärmer nicht weit von jener Stelle, wo ein Trampelpfad vom Gaisbühlhof abzweigte hinüber zum Viehhäusle. Es war ein Anblick, der den gestandenen Männern das schnapsverdickte Blut in den Adern stocken ließ. Im Taumel ihres Schreckens packten sie dieses Menschenwesen an Armen und Beinen und schleppten es hinüber in die Schenke. Kaum hatten sie den mißhandelten Körper auf einen Tisch gehoben, da hörten sie ein dünnes Glucksen, ein schwaches Röcheln. Es kam eindeutig von jener Stelle, wo einmal ein Mund gewesen sein mußte. Einer der vier legte vorsichtig sein Ohr ans Schlundloch, gebot den anderen mit einer scharfen Handbewegung Ruhe und horchte angestrengt. Und als der Kopf des tödlich Verwundeten kraftlos zur Seite gefallen war, da wiederholte er wie in Trance die Silben, die er den Seufzern des Hinfälligen abgelauscht hatte: „Duli ... Postel ... Nottele ... Wenzel ... Hannikel ..."

Der Reutlinger Amtsarzt zuckte nur kurz mit den Schultern, als er in die weit aufgerissenen und starren Augen dieser Kreatur schaute, die ihm der Wirt vom Gaisbühlhof und ein paar halb besoffene, ziemlich abgerissene Gestalten auf einem Karren in aller Herrgottsfrühe schon vors Haus geschoben hatten. „Den weckt koin Deifel meh uff", brummte er und fluchte innerlich über das Drecksgeschäft, das ihm jetzt wieder einmal bevorstand. Aber der Oberamtmann, der wie ein Presser hinter ihm stand, ließ nicht den geringsten Zweifel daran, daß er in wenigen Stunden schon mit einem blitzsauberen Obduktionsergebnis rechnete. Dann drehte der hohe Herr sich auf dem Stiefelabsatz um, scheuchte die Lieferanten der lästigen, doch immerhin nicht ganz uninteressant gemeuchelten Leiche vor sich her zum Verhör und überließ den gründlich verstimmten Medikus seiner Pflicht.

„Des hätt' für viermal sterbe g'mütlich g'langt", raunzte der Amtsarzt, als er drei Stunden später dem Herrn Oberamtmann seinen Untersuchungsbericht auf den Tisch schob und erklärte: „Doppelter Schädelbasisbruch, tiefe Schnittwunden an Stirn und Schläfen, mehrfach gebrochene Rippen, Nase und Oberlippe glatt abgetrennt – vermutlich mit einem Messerschnitt, Splitterbruch am rechten Schien- und Wadenbein und – des isch ebbes ganz b'sonders – alle offenen Wunden von Gülle total versaut." Der Oberamtmann war drauf und dran, sein Morgensüpple wieder auszuspucken. „Ond was waret des jetzt für Saukerle?" half der Amtsarzt das drohende Mißgeschick zu verhüten. „Des woiß vielleicht 's lieb' Herrgöttle vo Biberach, ond wenn net dr sell, no höchstens mein Kolleg' von Sulz", gab der schroff zurück. Damit hatte er den Nagel auf den Kopf getroffen.

Wie von der Tarantel gestochen fuhr der Sulzer Statthalter des Herzogs von seinem Stuhl auf, als er den Brief gelesen hatte, der am Morgen des 7. April per Eilpost angekommen war und den das Amtssiegel des Oberamts Reutlingen schmückte. „Weg do mit dem Zeug!" fuhr er grob seinen Amtsdiener an und meinte damit die Steuerlisten, die ihm sein Amt so sehr verleideten, seine eigentlich sehr ausgeprägte Geschäftigkeit geradezu lähmten.

Von Natur und Erziehung war dieser Georg Jakob Schäffer nämlich ein durch und durch schaffiger, ja energischer Mann. Als kleiner Schreiber hatte der Pfarrerssohn aus Ottenhausen bei Neuenbürg angefangen und nach seiner praktischen Ausbildung am Federkiel die staatswissenschaftlichen Kollegien in Tübingen zur beruflichen Fortbildung genutzt. Im Jahr 1779 hatte er sich um den Posten an der Spitze des Sulzer Oberamts beworben. Und die Chance, diesen Karrieresprung zu schaffen, war ihm recht günstig erschienen, denn der amtierende Sulzer Oberamtmann Johann Friedrich Müller war mit seinen 61 Lebensjahren und 37 Dienstjahren ein wenig kränklich und deshalb amtsmüde gewesen. Außerdem war er der Vater von Schäffers Braut.

Fünf Jahre waren die Eberhardine Luise und der Georg Jakob damals schon miteinander verlobt, und mit seinen 33 Jahren war das Luisle auch nicht mehr die Jüngste gewesen. Es war also höchste Zeit gewesen, daß ihr ewiger Bräutigam eine anständige Stelle bekam, damit endlich Hochzeit gefeiert werden konnte. Also hatte der Vater an seinen obersten Chef, den Herzog Carl Eugen, einen ausführlicheren Brief geschrieben, darin seinen künftigen Schwiegersohn über den Schellenkönig gelobt und seinen Landesherrn untertänigst gebeten, die Stellenbesetzung ausnahmsweise einmal innerfamiliär zu regeln.

Ganz offiziell hatte sich natürlich auch der Georg Jakob Schäffer um die schöne Stellung bewerben müssen. Und tatsächlich, die Sache hat geklappt. Das Geheime Ratskollegium in Stuttgart hatte sich diesem Ansinnen gegenüber keineswegs abgeneigt gezeigt. Nur hatte der Kandidat noch geschwind sein Regierungsexamen machen müssen, damit er auch die offiziellen Laufbahnvoraussetzungen erfüllte und die Sache nicht gar zu sehr nach Vetterleswirtschaft roch. Am 1. Februar 1780 hatte der Seiteneinsteiger das herzogliche Regierungsexamen mit der brauchbaren Note „Gut" bestanden und war von Herzen froh gewesen, daß er mit seinen 35 Jahren endlich einen standes- und verstandesgemäßen Job gefunden hatte. So hatte das Luisle ihren Georg nun tapfer heiraten können, und ihr Vater am 4. April 1780 der Welt getrost auf immer Ade sagen. Er wußte sein Mädle ja jetzt aufs beste versorgt.

Direkt froh war der Sulzer Oberamtsdiener, als er den Stapel Steuerformulare im Aktenregal mit der Aufschrift „Wiedervorlage" verstaut hatte. Der Chef war ihm in den vergangenen Tagen ganz gehörig auf die Nerven gegangen. Nichts hatte man ihm recht machen können. Und jeden, der mit einer Bitte oder einem kleinen Anliegen aufs Amt gekommen war, den hatte er fast grob, mindestens aber kurzangebunden abgefertigt. Jetzt aber saß er mit unternehmungslustig blitzenden Äuglein am Tisch, und sein Federkiel flitzte nur so übers Papier. Wie wiedererwacht von einem schweren, traumlosen Schlaf wirkte der Chef. Und schon setzte er mit Schwung seine Unterschrift unter einen Brief an die herzogliche Kanzlei. „So, des wär des!"

Die fünf Namen, die der Reutlinger Oberamtmann in seinem Brief an den Sulzer Kollegen als mutmaßlich Tatverdächtige des grausigen Mords am herzoglich württembergischen Grenadier zu Pferd Christoph Pfister genannt hatte, hatten ausgereicht, um Georg Jakob Schäffers Lebensgeister augenblicklich zu mobilisieren. Ohne sie je gesehen zu haben wußte er nämlich genau, von welchem Schrot und Korn die Kerle waren, die auf die Spitznamen Duli, Postel, Nottele, Wenzel und Hannikel hörten. Schließlich hatte er sich in seinen sechs Jahren als Wahrer aller Staatsinteressen in seinem Oberamtsbezirk, also auch als Staatsanwalt und Richter in Personalunion, zu einem gewieften Kriminalisten und berüchtigten Räuberjäger entwickelt. Und zu tun gab es in diesem Fach zu seiner Zeit mehr als genug.

Landauf, landab waren ganze Banden von Gaunern unterwegs, die als Diebe, Räuber und Raubmörder ihr unstetes Leben fristeten. Es war ein buntes Volk, das sich allerorten herumtrieb. Da gab es Deserteure, die vor ihren gnadenlosen Verfolgern auf der Flucht waren, und noch mehr Gescheiterte und Versprengte, die aus den unterschiedlichsten Gründen von der geraden auf die schiefe Lebensbahn geraten waren. Und da waren die Zigeuner, nirgends daheim und allein wegen ihrer unsteten Lebensweise der ordnungsbeflissenen Obrigkeit verdächtig, lästig und unwert. Auch sie lebten vornehmlich, doch selten vorzüglich vom Hausieren, vom Bettel, vom Kleinhandel und natürlich auch von der Kunst, ihre Zeitgenossen entweder mit List, als Falschspieler, Quacksalber und Marktschreier, oder mit roher Gewalt, als Stubenräumer, Beutelschneider, Sacklanger, Einbrecher oder gar Raubmörder, um Geld und Gut zu erleichtern. Den Berufsverbrechern unter dieser sehr gemischten Gesellschaft das liederliche Handwerk zu legen, hatte sich der Sulzer Oberamtmann zu seiner vornehmsten Aufgabe gemacht. Und er war dabei erfolgreich wie kaum ein anderer. Auch das hatte natürlich seinen ganz besonderen Grund.

Georg Jakob Schäffer begnügte sich nicht damit, den Gaunern, die ihm in die Hände fielen, den kurzen Prozeß zu machen und sie möglichst schnell an den Galgen zu bringen. Er betrieb sein Geschäft erstens mit System, zweitens mit Einfühlungsvermögen und drittens mit Verstand. So zum Beispiel, als ihm im Jahr 1782 der Johann Baptist Herrenberger alias „Konstanzer Hans“ in die Falle gegangen war. Auch der war ein Räuber von der hartgesottensten Sorte, als er die Sulzer Gefängniszellen zum ersten Mal von innen sah. Zwei Jahre dauerte die Untersuchung der Untaten, die dieser Bandit auf dem Kerbholz hatte. Eine Mühe, die sich lohnte, denn am Ende der aufwendig und akribisch betriebenen Verbrecher-Inquisition hatte Schäffer einen Fundus an Informationen beieinander, von dem er noch lange erfolgreich zehrte bei seinem Kampf gegen das kleine und große Verbrechen. 30480 Blatt Untersuchungsakten hatte er sich aus dem In- und Ausland nach Sulz kommen lassen, um seine Gefangenen mit den darin aufgezeichneten Untaten zu konfrontieren und sie so ihrer zahlreichen Verbrechen zu überführen. In unendlichen Verhören hatte er's gar geschafft, den Konstanzer Hans dermaßen weich zu klopfen, daß der gefürchtete Räuberhauptmann sich seiner Verbrechen herzinnigst schämte, zerknirscht all seine Überfälle und Raubzüge gestand und seinem einstigen Erzfeind und Verfolger bereitwillig die Namen aller Berufskollegen nannte, die ihm während seiner kriminellen Karriere über den Weg gelaufen waren.

Doch damit nicht genug, er erzählte dem höchst interessierten Sulzer Kriminalisten auch erschöpfend von den Lebensgewohnheiten der Gauner samt Konsorten. Haarklein berichtete der Konstanzer Hans von seinesgleichen. Aber auch in die Unterschiede zwischen Gaunerkauderwelsch und Zigeunersprache weihte der Galgen-Kandidat den lernbegierigen Beamten ein. Unermüdlich notierte der Kriminalist jedes Detail, jeden Hinweis und sammelte unerbittlich Namen und Nachrichten für seine Verbrecherdatei. Bis spät in die Nacht mehrte er seine Aktenberge. Und erst dann, wenn seine Augen vor Überanstrengung brannten und seine rechte Hand schmerzte vor den Mühen des Schreibens, schnürte er seine eng beschriebenen Blätter zu Bündeln und entließ seine Inquisiten zu kurzer Nachtruhe in ihr streng bewachtes Gefängnis.

Auf einen so kundigen Informanten und willigen Helfer wie diesen Konstanzer Hans hatte der Oberamtmann schon lange gewartet. Auf einen, der reumütig seine Untaten gestand, ihm die Geheimnisse und Rätsel der fremden Gaunerwelt durch unerschöpfliche Mitteilsamkeit entschlüsselte und damit bewies, daß er ganz und gar mit seiner zwielichtigen Vergangenheit gebrochen hatte. Mit so einem Gehilfen, das war dem Oberamtmann längst klar geworden, würden ihm künftig noch vernichtendere Schläge gegen die vagabundierenden Räuberbanden gelingen als bisher. Deshalb, und auch aus Dankbarkeit für die erwiesenen Dienste, ersuchte der Sulzer Beamte seinen Landesherrn nach zwei Jahren Verbrechensrecherche, beim Konstanzer Hans Gnade vor Recht ergehen zu lassen. Er bat sich aus, seinem geläuterten Gefangenen nicht nur das verwirkte Leben zu schenken, sondern ihn schnellstens auch zum württembergischen Schutzmann zu ernennen. Als Kriminalassistent des Sulzer Oberamts sollte der Schwerverbrecher seinen Platz finden im Schoß bürgerlicher Ehrsamkeit.

Soweit allerdings wollte der Fürst seinem nützlichen Diener nun doch nicht folgen. Er verschonte den Johann Baptist Herrenberger zwar vor dem Tod durch den Strang, schickte ihn aber zu lebenslanger Haft ins Zuchthaus nach Ludwigsburg.

So war die von Schäffer für seinen Schützling ausgeklügelte, großzügige Kronzeugenregelung zwar am Machtwort des Landesherrn gescheitert, doch blieb der Johann Baptist Herrenberger immerhin am Leben. Im Ludwigsburger Gefängnis konnte er bald an seinem Wörterbuch der Gaunersprache bosseln, und im September 1793 starb er im Arbeitshaus Ludwigsburg eines natürlichen Todes.

Nicht nur ein psychologisch geschickter und ein einfühlsamer Untersuchungsrichter war dieser Georg Jakob Schäffer. Er war vor allem auch ein penibler Archivar der Verbrechen. Aus den Bergen seiner Untersuchungsakten destillierte er nach der großen Untersuchung der Bande des Konstanzer Hans eine Steckbriefsammlung, die im Jahr 1784 erschien, und allen, die sich den Kampf gegen die Räuberbanden gleichfalls zur Aufgabe gemacht hatten, eine unschätzbare Hilfe war. So hat der Sulzer Oberamtmann den Steckbrief als ein wertvolles Hilfsmittel bei der Verbrecherfahndung zwar nicht erfunden, aber doch so perfektioniert, daß jeder, der in einer seiner Gaunerlisten aufgeführt war, allzeit fürchten mußte, auf Anhieb erkannt, ergriffen und seiner mehr oder weniger gerechten Strafe zugeführt zu werden.

„So, des wär des!" stellte der Oberamtmann nicht nur einmal fest, bis er seinen Brief an den Herzog unterschrieben, gesiegelt und seinem Amtsdiener übergeben hatte, der das Schreiben so schnell als möglich auf den Weg nach Stuttgart bringen mußte. Er war zweifellos überzeugt davon, daß auch diese fünf Mörder vom Reutlinger Gaisbühlhof bald hinter den dicken Sulzer Gefängnistüren schmachten würden. Schließlich kannte er ihre Schlupfwinkel, ihre Verbindungen, ihre bevorzugten Fluchtstrecken. Und er wußte auch um die Hintergründe und Motive des Reutlinger Gewaltverbrechens, dessen unerhörte Grausamkeit die Leute wieder einmal zu den aberwitzigsten Theorien über die natürliche Mordlust des Zigeunergesindels verführte.

Ganz genau wußte dieser Kenner der Gaunerszene, daß auch der Toni Pfister Dreck genug am Stecken gehabt hatte. Jedenfalls genug, um der Blutrache zu verfallen. Immerhin war der Toni selbst von Geburt ein Zigeuner. Und er hatte seinen Mördern und einstigen Gefährten an krimineller Energie kaum nachgestanden, bevor er sich entschloß, sein Luderleben mit dem immerhin ein wenig ehrbareren Posten eines württembergischen Soldaten zu vertauschen. Und dann hatte er dem Wenzel noch die langjährige Liebes- und Lebensgefährtin, die sommersprossengesprenkelte „Mantua" ausgespannt. Und jetzt hatte er, um das Faß vollends zum Überlaufen zu bringen, auch noch versucht, mit der Urschel anzubändeln. Obwohl er ganz genau wußte, daß sie die Stieftochter seines Erzrivalen war, des von ihm so schmählich gehörnten Wenzel.

Der vor Tatendrang schier berstende Beamte – auch damals schon eher die Ausnahme – mußte noch drei schier endlos sich dehnende Wochen warten, bis der Herzog auf den Brief antwortete, den er ihm in der Hitze des am 7. April so jäh wiedererwachten Jagdfiebers geschrieben hatte. Am 1. Mai endlich war's soweit. Der Herzog übertrug ihm hochoffiziell die Verfolgung der

Mörder vom Gaisbühlhof. Ein wenig aber hat der Herr Schäffer sich mit seiner Zuversicht, die Meuchelmörder und Totschläger im Schnellverfahren dingfest zu machen, dann doch verrechnet. Als er sie in der Gegend des Rechbergs bei Schwäbisch Gmünd fast am Wickel hatte, da gingen sie ihm im letzten Moment und dank der ausgeprägten bürokratischen Dünnbrettbohrerei seiner Kollegen von der Hohenrechberger Herrschaft doch noch durch die Lappen. Doch bald zeigte sich, daß ein gewisser Bekanntschaftsgrad in Fachkreisen in jeglichem Beruf von Nutzen sein kann und manchmal mehr bewirkt als der wildeste Aktionismus.

Mitte August entdeckte der Sulzer Oberamtschef in seiner Tagespost gleich drei Schreiben vom Präsidenten des Kriminaltribunals in Chur. Das war nun eigentlich nichts Verwunderliches, denn Tag für Tag brachte die Postkutsche stapelweise und aus aller Herren Länder Post fürs Sulzer Oberamt. Diese Briefe aber, die am 3. August aus der freien Eidgenossenschaft nach Sulz geliefert wurden, hatten es wahrlich in sich. Er habe, so berichtete der Churer Kriminalpräsident seinem nicht ganz so vornehm betitelten Württemberger Kollegen, bei Zizers eine sehr verdächtige Bande in Haft genommen. Darunter seien allem Anschein nach auch vier der Mörder vom Reutlinger Gaisbühlhof. Und der Kollege Bawier in Chur hatte seinen Auskünften entgegenkommendst angefügt, daß man ein württembergisches Auslieferungsersuchen mit Freuden erwarte und ohne weiteres befürworten werde.

Keine Woche verging, da hatte der Sulzer Oberamtmann die höchst-fürstlichste Ordre und Erlaubnis, sich mit seiner Mannschaft auf den Weg nach Graubünden zu machen, um die Mordgesellen dort abzuholen und heimzuführen. Mit zwei geräumigen Leiterwagen, reichlich Ketten, Halseisen und mancherlei anderem Gerät zur verschärften Sicherungsverwahrung im Reisegepäck, brach das Kommando am Morgen des 24. August auf. Vorneweg ritt, wie immer unübersehbar hoch zu Roß, den dreieckigen Hut auf dem Kopf, die hirschledernen Hosen und den grauen Überrock am wohlbesetzten Leib, die mächtigen Stulpenstiefel in den Steigbügeln und die Reitpeitsche in der Hand, der entschlossene Oberamtmann. Am 4. September bereits erreichte das Überführungskommando das Schweizer Städtchen Chur.

Das Unternehmen entwickelte sich allerdings bald zu einem Drama von beträchtlicher Turbulenz. In der Nacht, bevor der Sulzer Räuberschreck in Chur mit seiner Gefangenenfuhre aufbrechen wollte in Richtung Heimat, war der Hannikel auf wundersamste Weise aus seinem bestens gesicherten Gefängnis entflohen. Aber da der kühle Kriminalist aus Schwaben zwar an so manches, an Wunder jedoch zu allerletzt glaubte, und das vermeintliche Mirakel mit kritischem Verstand und penibler Gründlichkeit untersuchte, war die Sache bald aufgeklärt. Die Schweizer Gefängniswärter hatten dem Hannikel zur Flucht verholfen. Und zwar deshalb, weil der sparsame Schwabe die gängigen Besoldungstarife für Schweizer Wachmannschaften grob unterschätzt hatte. Die Churer Stadtknechte, recht unwillig über das bescheidene Salär ihres Auftraggebers, ließen an Hannikels rechtem Handgelenk die Eisenmanschette offen, nachdem der sein Nachtessen verdrückt hatte. Alles Weitere überließen sie dann der Geschicklichkeit des Gefangenen. Und der wußte diese Chance trefflich zu nützen.

Aber seine Freiheit währte nicht lange. Nach zwei Tagen schon saß der Ausreißer wieder im Loch. Auf den leicht verschneiten Matten über Ragaz hatten ihn die Jäger des hilfreichen Grafen von Salis wieder eingefangen und ins Schloß von Sargans geschleppt. Dort nahm ihn der überglückliche Oberamtmann erneut in seine Obhut und brach mit seiner brisanten Fuhre nun auf der Stelle auf nach Sulz. Sein Vertrauen in die Verläßlichkeit der Schweizer Polizeidiener hatte schweren Schaden genommen. Im Eilmarsch ging's über Feldkirch, Bregenz, Biberach und Ulm heimwärts, wo am 18. September eine gewaltige Menschenmenge die Einfallstraße säumte, um die erfolgreichen Häscher mit Jubel, die gefangenen Gauner und Räuber aber mit Hohngeschrei zu empfangen.

Über die mannigfachen Abenteuer und Sensationen seiner Schweizer Reise erstattete der Oberamtmann seinem Herrn und Herzog tags darauf ausführlich Bericht. Und er vergaß nicht, mit Stolz darauf hinzuweisen, daß er alles daran gesetzt habe, die Kosten der Verbrecher-Überführung so gering als möglich zu halten. Schon allein durch sein frühes Aufstehen morgens um vier oder halb fünf Uhr habe er wenigstens zehn Tage Reisezeit gespart. Und überdies habe er sich so manches Zehrgeld vom Mund abgespart. Ohne Frühstück sei er des Morgens von den sündhaft teuren Wirtshäusern in Schaffhausen und Zürich aufgebrochen. Lieber gehungert habe er, als mehr als nötig von den württembergischen Steuergeldern bei den gastronomischen Wegelagerern liegen zu lassen. Zudem habe er sich, wo immer es möglich und schicklich gewesen sei, um Gotteslohn einladen lassen. Unter dem Aspekt der Kostenminderung habe sich am Ende sogar das Malheur mit der Flucht Hannikels als segensreich erwiesen. Zwar habe ihn dieses Gaunerstück reichlich Nerven gekostet, doch sei die Peinlichkeit der lancierten Flucht am Ende doch von Vorteil gewesen. Die Schweizer Landeskasse habe die Churer Kosten für Unterkunft und Verpflegung der Räuber übernommen, um so die Blamage einigermaßen wieder wettzumachen.

Rundum zufrieden also konnte der Herzog wieder einmal mit seinem Sulzer Statthalter sein, der sein Ländle im Ausland wahrhaft würdig vertreten hatte. Doch der Dank des Landesherrn war ein sehr gemischter. Mit schönen Lobesworten überhäufte er seinen Diener in großzügigster Manier, als es aber um Geld für die nun anstehende, langwierige Verbrecher- und Verbrechens-Untersuchung ging, da zeigte sich der Fürst als ein äußerst knickiger Landesvater. Nun, so gut der Herzog sich aufs Knausern verstand, so geübt war sein Sulzer Statthalter in der Kunst des Wehklagens und Jammerns. „Die Geschäfte, welche dermalen auf mir liegen, sind ganz ohngeheuer und Eure Herzogliche Durchlaucht kann ich in tiefster Unterthänigkeit versichern, wann ich des nachts um zwölf oder ein Uhr ins Bette gehe, daß ich meine rechte Hand kaum mehr empfinde und meine Augen mit dem ohnaufhörlichen Schreiben ganz zu Grunde richte", schreibt er am 26. Oktober 1786 an seinen Fürsten. Das Lamentieren hatte Erfolg. Der Herzog rang sich dazu durch, seinem ersten und erfolgreichsten Räuberjäger eine Teilzeitschreibkraft zu genehmigen.

Nun konnte es also losgehen mit dem Inquirieren und Verhören. Von morgens sechs Uhr bis tief in die Nacht bestürmte der Sulzer Oberamtmann vom Herbst 1786 an bis zum Frühsommer 1787 die Mitglieder der Hannikel-Bande „ohne Unterlaß" mit seinen Fragen und Fangfragen. Und zwar nach allen Regeln seiner feinen, aber umso wirksameren Verhörmethode. Die Folter zum Beispiel, die so manche seiner Berufskollegen noch bedenkenlos als Geständniswerkzeug einsetzten, war ihm ganz und gar verhaßt. Mit Einfühlungsvermögen und sogar mit Verständnis begegnete er seinen Untersuchungsgefangenen. Und er kam mit seiner menschenfreundlichen Methode meistens noch schneller als seine Kollegen ans Ziel aller Mühen und zum Geständnis.

Davon allerdings, daß die Verbrechen des Mords und Totschlags vernünftigerweise mit dem Tod zu sühnen seien, davon war selbst dieser Vorkämpfer eines humaneren Umgangs mit den Gesetzlosen in tiefster Seele überzeugt. Und so wurden denn auch am 17. Juli 1787 die vier Mörder vom Gaisbühlhof, der Hannikel oder Jakob Reinhardt, der Wenzel oder Franz Reinhardt, der Duli oder Johannes Reinhardt und der Nottele alias Heinrich Leinberger vom Sulzer Marktplatz hinauf zum Sulzer Galgenberg geführt, wo die Reumütigen vom Tübinger Scharfrichter Belthle routiniert mit dem Hanfstrick vom Leben zum Tod befördert wurden. Die inzwischen 21jährige Urschel aber wurde wegen Beihilfe zum Mord zu fünf Jahren Zuchthaus verurteilt und kam nach Ludwigsburg.

Nicht nur seine Verhöre, auch die kriminal-literarischen Veröffentlichungen des Georg Jakob Schäffer zeugten stets von seiner tadellosen menschlichen Haltung. Und davon steckt auch so manches in der Steckbriefsammlung, die er nach Abschluß des Verfahrens gegen Hannikel und Konsorten zum Ende des Jahres 1787 in Stuttgart bei Cotta auf eigene Kosten herausgab. Die ungeheuerliche Menge von 49 074 Blatt Protokoll- und Untersuchungsnotizen hatte er dazu ausgewertet und so den Stoff gewonnen für 379 exakte Personenbeschreibungen.

Vorangestellt hat er diesem nützlichen Kompendium

für die Verbrecherjäger aller Nationen auch eine Abhandlung über den „National-Karakter der in Teutschland sich noch aufhaltenden Zigeuner und Jauner". Aufs Angenehmste sind diese Notizen vom Bodeng'fährtle der Menschenfreundlichkeit durchsetzt. „Manche Zigeuner-Seelen", so schreibt er, „haben gewis oft die besten Anlagen zu großen Thaten, und man kann es nicht läugnen, daß unter der Hand eines geschickten Feilers und Polirers aus ihnen Männer von der ersten Gröse könnten gebildet werden. Es ist daher jammerschade, daß so manches Talent unter ihnen erstikt wird, oder eine solche schiefe Richtung bekommt, welche vor ihr ganzes Leben auf die Sittlichkeit einen sehr widrigen Einflus hat, und auch so lange haben mus, so lange sich des Zigeuners Erziehung nicht ändert, und er gezwungen ist, Dieb und Ungeheuer zu bleiben."

Nicht im gnadenlosen Aufknüpfen also, in der „Correktion" und verständnisvollen Erziehung der von ihrer Herkunft schon Benachteiligten und durch ihre Umgebung zielstrebig Irregeleiteten zu nützlichen Bürgern erkannte dieser eifrigste Verbrecherjäger seiner Zeit das wirksamste Mittel gegen die Landplage der Kriminalität. Solche Einsicht wacker in die Tat umzusetzen, forderte er mutig nicht nur von Seinesgleichen, sondern auch von den Regierenden seiner bewegten Epoche.

Erlebt allerdings hat der Oberamtmann Schäffer von Sulz die Verwirklichung seiner hochherzigen Ideale von einem humanen Strafvollzug mit dem hehren Ziel der Resozialisierung nicht mehr. Bis er am 1. September 1814 mit 69 Jahren während eines Erholungsurlaubs bei Freunden in Tuttlingen starb, mußte er noch so manchen Mörder dem Scharfrichter an die Hand liefern. Und so schön er sich in der Bewunderung des gemeinen Publikums sonnen durfte, auf den Dank des Vaterlands hoffte dieser mustergültige Staatsdiener vergebens. Die Herren Rechnungsprüfer in Stuttgart haben's ihm eher übel angekreidet, daß er es mit seinen Verwaltungsaufgaben nicht allzu genau genommen und die Steuereintreiberei, soweit es ihm möglich war, grob vernachlässigt hat. Seiner Beliebtheit bei den einfachen Leuten allerdings hat dies nicht groß geschadet.

Lange Jahre nach dem Tod des Georg Johann Schäffer reichte es in Sulz immerhin zu einem bescheidenen Erinnerungstäfelchen für diesen Beamten ohne Fehl und fast ohne Tadel. Es hängt an der Fassade seiner einstigen Wohnung und rostet dort so vor sich hin. In aller Sulzer Munde aber ist von Zeit zu Zeit auch heute noch der Hannikel. Und zwar immer dann, wenn's den Sulzern wieder einmal ein Fest verregnet oder gar verhagelt. Jede atmosphärische Störung ihrer ausgeprägten Festlaune schieben die Sulzer bis heute auf einen Fluch, den der Hannikel im letzten Moment seines Lebens auf ihre Vorfahren herabgeschleudert haben soll. Eine Legende, an der die Unverwüstlichkeit das einzig Wahre ist. Ganz und gar reumütig ist der berüchtigte Räuberhauptmann gestorben. Mit herzerweichenden Bitten um den Beistand der Heiligen. Und mit einem herzhaften Dankeschön an den württembergischen Landesvater für „die gnädigste und gerechte Strafe", die vollzogen wurde, als sich der Galgenstrick mit einem jähen Ruck um seinen Hals zusammenzog.

# Irdisch verzückt, himmlisch entrückt

*Die wunderliche Karriere der Cleebronner Prophetin und Seherin Maria Gottliebin Kummer*

Die Versammlung war höchst ehrenwert, denn sie war nicht von dieser Welt. Da war zunächst einmal der Philosoph Leibniz. Der stand mit schamhaft niedergeschlagenen Augen stumm im Kreise seiner Berufskollegen herum und machte einen ziemlich verschreckten Eindruck. Direkt mißmutig aber zeigten sich die altgriechischen Geisteshelden Pythagoras und Hippokrates. Während der erste Oberarzt der Weltgeschichte finstere Grimassen schnitt, gab sich der klassische Zahlenfetischist direkt trotzig. Überdies machte er von Zeit zu Zeit mit schweren Seufzern auf seine abgrundtiefe Unzufriedenheit aufmerksam. Es schien, als habe er sich bei irgendetwas grob verrechnet.

Der römische Schnellschwätzer Cicero dagegen wirkte einigermaßen munter. Und ausnehmend heiter gab sich gar der bescheidene Sokrates. Das mag einerseits daran gelegen haben, daß weit und breit keine Spur von seiner Lebensgefährtin Xanthippe war, und andererseits daran, daß er als Zeichen seiner Verdienste um die Erkundung der Welträtsel eine Krone tragen durfte. Noch mehr Freude aber hatte er an seinem goldenen Szepter. Mit dem fuchtelte er seinen weniger gutgelaunten Berufsgenossen eifrig vor der Nase herum, was deren schlechte Laune eher noch steigerte. Ob trotzig oder aufgeräumt, einen ausgesprochen seligen Eindruck machten die versammelten Liebhaber der Weisheit alle nicht. Es schien vielmehr so, als wüßten sie mit der Entrücktheit von den irdischen Beschwerlichkeiten so recht nichts anzufangen.

Bei weitem aktiver als die Heroen der philosophischen Heilslehren zeigten sich die Künder christlicher Glaubensbotschaften. Wofür der Apostel Paulus ein recht eigentümliches, doch auch ein sehr interessantes Beispiel gab. Er wandelte zwar einigermaßen sicheren Schrittes, doch nicht besonders zielstrebig seines Wegs. Kaum war er nämlich drei oder vier Schritte weit gegangen, da ließ er sich wie kraftlos in die Knie fallen. Nun war keineswegs eine unüberwindbare Müdigkeit der Grund für diese etwas ungelenk anmutenden Übungen, sondern allein sein Bedürfnis, den Herrgott recht inbrünstig zu preisen. „Mir ist Barmherzigkeit widerfahren, das bleibt mein ewig' Lob", jubilierte der eifrige Apostel nach jedem Kniefall mit glockenheller Stimme. Und damit ihm dieses Geschäft mit der Zeit nicht gar zu sauer werde, standen ihm zwei kräftig gebaute Engel zur Seite. Die griffen ihm immer mal wieder hilfreich unter die Ellbogen und zogen ihn schwungvoll in die Höhe, wenn es mit dem Wiederaufrichten nicht so recht klappen wollte.

Nur ein einziger Engel war seinem apostolischen Bruder Johannes zugeteilt. Aber der Verfasser der biblischen Offenbarung hatte es auch recht gemütlich. Er saß in einem ansprechend möblierten Zimmer am blitzsauberen Schreibtisch, machte sich so seine Gedanken, und immer, wenn ihm dabei eine Erleuchtung kam, schrieb er sie mit einer goldenen Feder in sein Notizbuch. So war sein Schutzengel recht wenig ausgelastet und konnte gemächlich über dem Haupt des heiligen Johannes hin und her schweben. Auch nicht gerade schweißtreibend war das Geschäft, dem sich der König David wonnevoll widmete. Er hockte auf einem erhabenen Thron und griff fleißig in die Saiten seiner güldenen Harfe. Und immer, wenn er mit seinen Fingerspitzen zart eine Saite berührte, blitzte hell ein Lichtstrahl auf, was reichlich Aufsehen erregte in seiner Umgebung. Vollkommen unbeeindruckt aber von diesem fortwährenden Blitzlichtgewitter stand auf dem höchsten Punkt dieser Harfe ein Engelchen und blies Trompete.

„So also sieht's aus, droben im Himmel", staunte im Stillen der Meimsheimer Pfarrer. Und sehr viel hurtiger als der Apostel Johannes droben in der Ewigkeit ließ der irdische Chronist die schon ziemlich ausgefranste Spitze seines Gänsekiels übers Papier kratzen. Kein Wort von dieser wunderbaren Beschreibung wollte er verpassen, denn er konnte keine Minute sicher sein, wieviel er von diesen kostbaren Geheimnissen noch erfahren würde.

Seit einer Viertelstunde nämlich kamen seiner geschätzten Hausgenossin, die neben ihm auf dem Sofa lag und zuckte wie ein Kätzle beim Versäufen, die Worte nur noch langsam und stoßweise von den Lippen. Und mit bangem Herzen fürchtete der Ludwig Hiller, daß seine Haus-Prophetin bald wieder erwachen würde aus ihrer heute so außergewöhnlich ergiebigen Trance. Genau in dem Moment jedoch, als er sich überlegte, ob er jetzt nicht doch seinen Federkiel geschwind ein wenig zuspitzen könne, wurde die zarte Person wieder von heftigen Krämpfen geschüttelt und begann von neuem in leicht singendem Ton von ihren wunderbaren Visionen aus dem Jenseits zu erzählen.

Noch viel spannender als zuvor waren die Neuigkeiten, die sie nun kundtat, denn sie hatte das Quartier gewechselt und berichtete jetzt mitten aus der Hölle. Allerdings schien dort keine einzige Berühmtheit gegenwärtig zu sein. Es waren vergleichsweise einfache Menschen, denen sie dort begegnete. Und die meisten waren auch nicht von weit her, sondern hatten im Nachbarort Cleebronn die Reise in ihre neue, nicht gerade noble Heimat angetreten.

Zum Beispiel war da eine Weberin, die zu Lebzeiten bei ihrem Geschäft massenhaft Garn unterschlagen hatte und zur Strafe nun rauchende Garnknäuel als Brandmale ihrer Sünden am Leib trug, wovon sie recht unangenehm gepiesackt wurde. Eine andere Cleebronnerin erzählte, sie sei deshalb an diesem unwirtlichen Ort, weil sie mit Haß und Unversöhnlichkeit gegen ihren Mann aus der Welt geschieden sei. Deshalb müsse sie nun in dieser wirklich schwer erträglichen Höllenhitze schmoren.

Kaum hatte die Bedauernswerte Auskunft gegeben über ihr notvolles Los, da wurden ihre Worte vom jämmerlichen Wehgeschrei eines erst jüngst verstorbenen Cleebronner Gemeinderats übertönt. Der mußte wegen seiner Verfehlungen als Dorfrichter vor einem rauchenden Loch stehen und jede Sekunde fürchten, in jenen stinkenden Schlund hinabgestoßen zu werden. Einen Prominenten immerhin konnte die aufmerksame Seherin nun aber doch ausmachen unter der Schar der so höllisch leidenden Cleebronner. Es war der französische Philosoph Voltaire, dessen einst so fein geschnittenes Antlitz furchtbar entstellt war, so daß es eher einem Bärenschädel glich als einem Menschenhaupt. Und um dessen Pein vollkommen zu machen, wurde er auch noch von hundert Teufeln gezwickt und gezwackt.

Dem Pfarrer Hiller blieb schier das Herz stehen bei diesem ungeheuerlichen Rapport aus den Tiefen der

Unterwelt. Doch durfte er auf derlei Regungen nicht achten, denn er mußte alles haarklein aufschreiben, was er da mit heißen Ohren hörte. Und da sich seine Kundschafterin nun intensiv mit der Organisationsstruktur des Jenseits befaßte, durfte er seiner Feder keinen Augenblick Ruhe gönnen.

Im rußigen Reich des Teufels gebe es, so erläuterte die Jenseits-Guckerin, einmal die unterste oder tiefste Hölle, aus der es in aller Ewigkeit keine Erlösung gebe. Schon weniger verzweifelt im Vergleich dazu sei die Lage jener Menschen, die sich im Vorhof der Hölle aufhalten dürften. Dort sei unter gewissen Umständen immerhin eine Erlösung möglich. Nur sei für jeden, der dort ausharren müsse, die Zeit des Aufstiegs in die angenehmeren Abteilungen des Jenseits vollkommen ungewiß. Schon ein Gutteil kommoder hätten es die Bewohner der Todestäler. Sie seien von allen Höllenqualen zwar gänzlich frei, doch gleichwohl in ihrem Wohlgefühl ziemlich beeinträchtigt. Auch sie seien nämlich ganz ohne Seligkeit. In der Gewißheit der kleinen Seligkeit immerhin dürften sich die Einwohner der niedrigen Himmelsregion fühlen. Überhaupt sei dort schon alles recht erlesen und von einem milden Glanz bestrahlt. Der schönste Platz im Himmel aber sei der Ort der Verklärung, wo alles fein leuchte und flimmere. Und zwar so mächtig, daß man schier blind davon werde.

So sprach die Prophetin auf dem Sofa in der Amtsstube des Pfarrer von Meimsheim, und als sie geendet hatte, da flimmerte es auch dem Geistlichen recht heftig vor den Augen. Und so richtig kam er eigentlich erst dann wieder zu sich, als er eines hellen Scheins neben seinem Schreibtisch gewahr wurde. Das aber war nun leider kein Engel, sondern das weiße Leinenkleidle seiner Hausgenossin, die aus ihrer Trance aufgewacht war und nun von ihrem Gastgeber nicht mehr begehrte als ein Gläsle Wasser und ein Gsälzbrot. Das Prophezeihen hatte sie doch sehr angestrengt und ihr Appetit gemacht auf eine kleine Erfrischung.

Was immer diese Maria Gottliebin Kummer vom Meimsheimer Pfarrer Ludwig Jakob Hiller verlangte, es wurde ihr stets und in selbstloser Großzügigkeit zuteil. Und es war bei weitem mehr als nur ein Gsälzbrot, was sie in den Jahren von 1793 bis 1797 von dem vertrauensseligen und gutwilligen Gottesmann begehrte. Sie wollte nicht weniger als seine ganze Seele. Und diese g'lüstige Person verstand es bestens, die Gutgläubigen unter ihren Mitmenschen zu umgarnen und zu bestrikken. Schließlich hatte sie neben ihrer Prophetei auch den Beruf der Näherin gelernt. Nur hatte sie der ehrlichen Arbeit des Stichelns, Knoberns und Wifelns nie viel abgewinnen können und sich deshalb in frühen Jahren schon auf die christliche Hellseherei verlegt. Womit sie es mit der Zeit auch zu einer gewissen Berühmtheit brachte und es immerhin schaffte, den Meimsheimer Pfarrer um Amt und Würden zu bringen und noch ein paar Mitmenschen mehr um ihren Verstand und ihren Seelenfrieden.

Brauchbare Anlagen für diese Lebensaufgabe brachte die Maria Gottliebin Kummer schon mit auf die Welt, als sie am 5. August des Jahres 1756 als Tochter des Bauern, Weingärtners und Stundenvaters Jakob Friedrich Kummer in Cleebronn geboren wurde. Und früh schon leitete der Vater sein seelisch ziemlich zartbesaitetes Töchterle dazu an, der Arbeit möglichst weit aus dem Weg zu gehen. Dafür durfte sich das Menschle ausgiebig mit jenen Dingen befassen, die weder mit Händen zu greifen noch mit klarem Menschenverstand zu erfassen sind – mit Sachen von übersinnlicher Natur. Er selbst hatte es dabei schon recht weit gebracht und eine gut hundertköpfige Gemeinde von religiös besonders hell entflammten Gläubigen um sich geschart. Denen schwärmte er allsonntäglich vom baldigen Anbruch des tausendjährigen Gottesreichs vor, von der Wiederkunft Christi und vom Einzug ins himmlische Jerusalem. Und weil ihm die Mitschwestern und Mitbrüder solch wunderbare Aussichten auf eine baldige Erlösung vom irdischen Joch und Jammertal nicht nur mit Verehrung dankten, sondern ihm dafür auch so manches Habhafte spendierten, lebte dieser Laienprediger samt seiner Familie auch ohne die Schinderei auf dem steinigen Acker des gewöhnlichen Broterwerbs sehr angenehm.

Auf diese Weise hatte er natürlich reichlich Zeit, seiner kleinen Gottliebin das Köpfchen mit allerhand Geschichten von himmlischen Seligkeiten und höllischen Schrecken zu verwirren. Dafür war das Mädle auch sehr viel empfänglicher als für jene Künste, die ihm der Lehrer in der Cleebronner Dorfschule beizubringen versuchte. Weshalb die Lernfaule zu ihrer Konfirmation denn auch ein Zeugnis bekam, das eher zum Verstecken war als zum Vorzeigen: „Kenntnisse mittelmäßig – fromm." Das Beten immerhin beherrschte sie. Mit dem Lesen und Schreiben dagegen war es nicht weit her. Trotzdem bestärkte sie der Vater immerfort in ihrem ohnehin nicht unterentwickelten Selbstvertrauen und prophezeite ihr bei jeder Gelegenheit, daß sie es noch einmal recht weit bringen werde in ihrem Leben. Womit er nicht so unrecht hatte. Immerhin brachte es seine Gottliebin später einmal bis nach Paris und gleich mehrmals ins Zuchthaus nach Ludwigsburg. Allerdings hatte der Vater diese Ziele kaum im Sinn, als er seinem Mädle mit einer ziemlichen Hartnäckigkeit die Flausen seiner Auserwähltheit in den Kopf setzte.

Bevor es aber soweit war, mußte sich die Maria Gottliebin noch mehr mit Flusen, Spickel und Blätz befassen als mit phantastischen Hirngespinsten. Es sollte noch ein gutes Weile dauern, bis ihre Phantasie soweit entwickelt war, daß sie sich allein damit ihr tägliches Brot verdienen konnte. Jedenfalls schulte sie der Vater eifrig in biblischen Weisheiten und weihte sie vor allem in die apokalyptischen Geheimnisse ein, die er in der Offenbarung des Johannes fand und ziemlich frei nach seiner persönlichen Erkenntnis auslegte.

So lebte die junge Frau eigentlich recht angenehm und sorgenfrei. Und als sie die 30 überschritten hatte, da wunderten sich die Cleebronner nicht mehr besonders darüber, daß dieses magere, um das spitzige Näsle immer ziemlich blasse und auch recht schüchterne Jüngferle es neben dem Nähen zwar zu mancherlei wunderlichen Ideen, aber noch zu keinem Mann gebracht hatte. Was der bleichen Gottliebin gerade recht war, denn ein Mäule voller Glufen wäre ihr immer noch lieber gewesen als so ein grober Cleebronner Bauernflegel.

Im Jahr 1789 jedoch, als ihr Vater den Tod seiner Frau so einigermaßen verschmerzt und sich ein neues Weib genommen hatte, wurde es der Maria Gottliebin recht ungemütlich im Elternhaus. Der Stiefmutter ging das Luxusleben ihrer späten Tochter gewaltig gegen den Strich, und der Vater hatte nicht mehr viel zu sagen.

So schnürte die Maria Gottliebin eines Tages ihr Bündel, ging nach Augsburg und arbeitete als Dienstmädle im Haus eines Orgelbauers. Sehr lange hielt sie es aber nicht bei ihm aus. Nach ein paar Monaten schon brach sie auf in die Kaiserstadt Wien, um sich dort bei einem leibhaftigen Grafen zu verdingen. Zunächst meinte es der feine Herr recht gut mit dem Bauernmädle aus Schwaben. Mit der Zeit aber meinte er es dermaßen gut mit ihm, daß sich die Gottliebin seiner handfesten Gewogenheit kaum mehr erwehren konnte. Eines turbulenten Tages mußte sie dem stürmischen Kavalier gar herzhaft in die Hand beißen, um sich vor dem jähen Verlust ihrer jüngferlichen Unversehrtheit zu bewahren. Allerdings zeigte der Brötchengeber ihr nun seinerseits die Zähne. Und da zu jenen Zeiten die Schande handfester Streitigkeiten um Lust und Unlust nur selten den Täter, sondern viel öfter das Opfer traf, war die Maria Gottliebin alsbald genötigt, das hochherrschaftliche Haus zu verlassen.

Mit dem Wenigen, was sie auf dem Leib trug, kam sie wieder in der Heimat an. Und weil sie zu schüchtern oder vielleicht auch zu stolz war, von ihren Wiener Abenteuern zu berichten, erläuterte sie ihre unverhoffte Heimkehr mit einer etwas gewagten Erklärung. Ein Engel des Herrn, so behauptete sie ungeniert, habe ihr die eilige Heimkehr befohlen. „Gehe wieder in dein Vaterland", habe er sie wortwörtlich geheißen, „denn Gott hat etwas Sonderliches für Dich ausersehen." Immerhin, die Leute nahmen ihr dieses wunderliche G'schichtle ab.

So wurde die Maria Gottliebin wieder einmal in ihrer Ansicht bestärkt, daß eine Notlüge umso erfolgreicher ist, je unwahrscheinlicher sie klingt und je größer der Anteil des Unbegreiflichen dabei ist. Eine recht folgenschwere Erfahrung für das weitere Leben der schwäbischen Schwärmerin, denn von nun an begann sie sich immer abenteuerlichere Geschichten von geheimen Zwiesprachen mit den Bewohnern der himmlischen Gefilde zusammenzureimen.

Bald stand sie in der näheren Umgebung ihrer Heimat im Ruf einer Prophetin, die auch jederzeit bereit war, ihre guten Kontakte zum himmlischen Personal für Voraussagen über irdische Ereignisse zu nutzen. Über die Fülle der nächsten Ernte zum Beispiel wußte sie weit im voraus einiges zu erzählen und desgleichen über mancherlei andere Dinge von allgemeinem Interesse. Doch kaum hatte sie sich mit ihrem Cleebronner Büro für Prophezeiungen aller Art einen treuen Kundenstamm aufgebaut, da wurde ihr greiser Vater in die Ewigkeit abberufen. Und seine Witwe wußte nichts Besseres, als ihrer Stieftochter die florierende Wahrsagerei mit einem schroffen Hinauswurf zu verderben.

Das war natürlich eine böse Überraschung und traf die Arme ziemlich unvorbereitet. Irgendwie hatten es ihre himmlischen Hilfskräfte versäumt, sie auf diese Entwicklung hinzuweisen. Doch bemühten sich jetzt wenigstens die Helfershelfer im Jenseits, ihrer irdischen Kontaktperson aus der Bredouille zu helfen. Sie schickten sie hinüber ins nahe Meimsheim, wo sie bei einer Schwester Unterschlupf fand. Hier bemühte sich nun die Kummerin noch eifriger um die Ergründung der Zukunft. Und als sie mit der Prophezeiung des Todes des katholischen und auch wegen anderer Dinge bei seinen Untertanen nicht sehr beliebten Herzogs Karl Alexander einen eindrucksvollen Volltreffer gelandet hatte, da war ihr Name im ganzen Unterland in aller Munde. Endlich hatte die Maria Gottliebin Kummer als Hellseherin und Prophetin den Durchbruch geschafft.

Die Beschäftigung mit der Zukunft der damals lebenden Prominenz war allerdings nur ein kleiner Bereich ihrer Aktivitäten. Viel wichtiger war es ihr, die Mitmenschen über jene Wunderwelt aufzuklären, die sich ihnen im Anschluß an ihr Erdendasein eröffnen würde. Das war zwar für die einfacheren Bewunderer ihrer Kunst auch ein recht interessantes Thema, doch viel aufregender waren solche Erkundungen für all jene, die beruflich gleichfalls mit dem Überirdischen und dessen Eigenheiten zu tun hatten – für die Pfarrer.

Da traf es sich prächtig, daß ausgerechnet der Meimsheimer Pfarrer einer war, den diese Rätsel in ganz besonderem Maße umtrieben und der sich umso glücklicher schätzte, daß ihm der Herrgott mit der Maria Gottliebin Kummer ein prophetisch so begabtes Wesen an den Ort seiner Wirkung gesandt hatte. Nicht weniger glücklich aber war die Prophetin, daß in diesem Meimsheim ein Seelsorger seines Amtes waltete, der höchst empfänglich war für ihre phantastischen Eingebungen und außerdem so naiven Herzens, daß er in den Seelenwindungen seiner Mitmenschen nicht einen Hauch von Ruchlosigkeit vermutete.

So lud er die Kummerin sehr gern und häufig in sein Haus. Und er war geradezu glücklich, wenn der Zufall oder die Bestimmung es wollte, daß sie in seinem Amtsstüble von ihren Krämpfen und Zuckungen geschüttelt wurde. Was allemal die unmißverständlichen Anzeichen dafür waren, daß bei der Gottliebin ein neuer Schub von Erleuchtungen und Eingebungen bevorstand. Behutsam bettete er das Wunderwesen dann auf die Couch und lauschte ergeben dem Sermon, den die Verzückte bei solchen Anfällen von sich gab. Vollends aus dem Häuschen aber war der Meimsheimer Pfarrer, als die Wunderbare ihn eines Tages mit der Mitteilung überraschte, ihr geistlicher Bewunderer sei von höchster himmlischer Stelle dazu ausersehen, ihre Kundschaften zu notieren und so die Offenbarung des Johannes fortzuschreiben. Ein einfacher Landpfarrer und so ein Auftrag – das schmeichelte nicht nur seiner Eitelkeit, das war geradezu ein Zeichen göttlicher Auserwähltheit. Eine reine Selbstverständlichkeit war es da für den Pfarrer Hiller, das Medium seines einzigartigen Chronistenauftrags in sein Haus aufzunehmen. So durfte er sicher sein, künftig auch nicht die winzigste Mitteilung aus dem Jenseits zu verpassen.

Lange ging es nicht, da wurde auch die kirchliche Obrigkeit auf die enge Verbindung des Meimsheimer Pfarrers mit der dortigen Prophetin aufmerksam. Und bald ersuchte der Brackenheimer Dekan seinen untergeordneten Amtsbruder, einen Blick in dessen Aufzeichnungen werfen zu dürfen. Das Ergebnis dieses Studiums war einigermaßen ernüchternd. „Ich habe 47 solcher Verzückungen gelesen, kann aber auf mein Gewissen versichern, daß sie keinen besonderen Aufschluß über die Offenbarung Johannis geben und keine besondere Aufmunterung zur wahren Gottseligkeit", resümierte der kritische Dekan sein eher gelindes Lesevernügen. „Es sind lauter dem Wort Gottes teils widersprechende, teils seiner Majestät unanständige Kleinigkeiten." Die Berichte der Kummerin über die sinnreiche Einrichtung himmlischer Kuhställe und anderer paradiesischer Institutionen hatten offenbar keinen besonders tiefen Eindruck bei ihm hinterlassen.

Derart kleinliche Kritik ließ den Meimsheimer Pfarrer natürlich unbeirrt in seinem Glauben an die göttliche Gültigkeit seiner Notizen. So wunderte er sich auch keineswegs, als ihn seine Haus- und Glaubensgenossin eines Abends mit der wunderbaren Mitteilung überraschte, sie sei als Braut des Herrn Jesu auserkoren und müsse ihrem herrlichen Bräutigam in Bälde angetraut werden. Vom Pfarrer Hiller natürlich, was sie nicht zu betonen vergaß. Nur seien dafür, klärte sie ihren entzückten Zuhörer weiter auf, einige Vorbereitungen notwendig, die es auf das Genaueste zu befolgen gelte. Zunächst einmal müsse sie ausgiebig baden. Danach müsse sie sich mit einer frisch gewaschenen Leinwand abtrocknen und anschließend ihre kernseifenreine Blöße mit einem Hemd und einem Leible bedekken. Bei ihrer weiteren Zubereitung für den Traualter aber sei sie dann sehr auf die Mithilfe der Frau Pfarrer angewiesen. Die müsse ihr zunächst das Haar kämmen, es dann mit einem roten Band von zwei Ellen zusammenbinden, es mit Eiklar einschmieren und schließlich in Zopfgirlanden hübsch aufstecken. Eingefaßt werden müsse die kunstvolle Frisur darauf mit handgewobenen Spitzen, woran mit roten und weißen Seidenbändern ein weißes und ein rotes Röslein zu heften sei. Um ihren Hals müsse sodann ein Tuch von weißem Seidenflor gefältet und über das Leible und den Unterrock ein weißes Kleid gestreift werden. Dessen Ärmel seien mit roten Bandschlaufen zu zieren. Anschließend sei um ihre Lenden ein breites und mindestens drei Ellen langes Taftband zu winden und in der Gegend des Bauchnabels zu einer Schleife zu verknoten. Mindestens so wichtig aber wie das Lendenband seien weiße Fingerhandschuhe aus Baumwollgewebe. Nur damit könne sie ihrem göttlichen Bräutigam in angemessener Anmut die Hand zum Ehebund reichen. Weil dieser aber vemutlich bei der Trauung nicht leibhaftig anwesend sein könne, so munkelte die erwartungsfrohe Braut, dürfe der Herr Pfarrer an seiner Stelle symbolisch den rechten Brauthandschuh ergreifen und dann die Trauformel zur immerwährenden Verbindung sprechen.

Durchaus beeindruckt zeigte sich der Pfarrer Hiller ob der liturgischen Delikatesse dieses Trauzeremoniells. Direkt irritiert aber war er vom Aufwand, der da an Stoffen und schmückendem Beiwerk getrieben werden sollte. Und weil er bei aller Großzügigkeit in geistigen Dingen als ein waschechter Schwabe auch sehr der Tugend der Sparsamkeit verfallen war, wagte er die himmlische Braut zu fragen, ob es wirklich und wahrhaftig der Wille des Herrn sein könne, daß sich ein armer Landpfarrer wegen so einer Hochzeit dermaßen in Unkosten stürze. Worauf die Prophetin vor Empörung um ein Haar in eine wirkliche Ohnmacht gefallen wäre. Was sie aber mit dem Einsatz ihrer ganzen Willenskraft verhinderte und stattdessen dem tief beschämten Pfarrer die schrecklichsten Vorhaltungen machte, ihn einen gottlosen und nichtswürdigen Geizkragen schalt und ihm abschließend befahl, dem Willen des Herrn ohne jede Widerrede zu gehorchen.

Nicht die Freuden einer heiligen Hochzeit jedoch waren es, die das Meimsheimer Pfarrhaus bald in seinen Grundfesten erschüttern sollte. Im Laufe des Frühjahrs 1797 begann sich die schmächtige Gestalt der Maria Gottliebin Kummer auf eine recht wunderliche Weise zu runden. Speziell um die Hüften herum nahm die Jungfer beträchtlich zu, und auch ihre zuvor eher bescheidene Oberweite machte mit der Zeit einen recht ansprechenden Eindruck. Mit großem Interesse und auch mit beträchtlicher Anteilnahme registrierten die Meimsheimer diese Veränderungen an der Hausgenossin des Pfarrers. Und wer sie verehrte und ihre wunderlichen Verzückungen als wunderbare Entladungen göttlicher Energien nahm, rechnete nun fest mit einem Mirakel, das alle bisherigen in den Schatten stellen würde.

Die weniger romantisch veranlagten Meimsheimer erklärten sich das Phänomen dieser stetig fortschreitenden Gewichtszunahme allerdings auf mehr konventionelle Art. Und auch die besorgte Obrigkeit, die jegliches Fehltrittle ihrer Untertanen als Anschlag auf das moralische Grundgefüge der Menschheit wertete und deshalb die Lebensgewohnheiten der einfachen Leute mit Argusaugen überwachte, befürchtete angesichts der wachsenden Kummerschen Leibesfülle weniger ein Wunder als vielmehr die unverhoffte Ankunft eines neuen Erdenbürgers. Um in dieser Sache nun völlige Gewißheit zu gewinnen, holte ein Amtsdiener die rätselhafte Jungfer am 8. Juni 1793 auf einem Karren zur Untersuchung nach Brackenheim. Zu untersuchen aber war dort nicht mehr viel. Schon am Tag darauf kam in der Gefängniszelle des Oberamts Brackenheim ein nicht sehr kräftiges, aber doch äußerst lebendiges Büble zur Welt.

Ein Rätsel war nun immerhin auf ganz natürliche Art und Weise gelöst, doch zog die Lösung des einen gleich auch ein neues nach sich. Die Klärung der Vaterschaft erwies sich nämlich als eine recht komplizierte Angelegenheit. Die späte Mutter behauptete nämlich steif und fest, sie habe das Knäblein ganz und gar nicht auf natürliche Weise empfangen. Es sei der Herrgott selbst der Vater des Büble, denn wie seinerzeit bei der Jungfrau Maria habe der Allmächtige auch bei ihr durch die reine Kraft des Wortes zuerst die Schwangerschaft und dann das Wunder der unbefleckten Geburt bewirkt.

Für einen durch und durch evangelischen Gesetzeswächter und Moralrichter wie den Brackenheimer Oberamtmann klang diese Erklärung doch ein wenig phantastisch. So schickte er Mutter samt Kind ins Zuchthaus nach Ludwigsburg, wo man ganz andere Mittel hatte, um derart ungewöhnliche Fragen zu klären. Und wahrhaftig, es brauchte dort nicht viel mehr als die ernsthafte Androhung körperlicher Züchtigung, und schon gestand die Maria Gottliebin Kummer, daß nicht der Allmächtige, sondern der Pfarrer von Meimsheim der Vater ihres Büble sei.

Allerdings, und darauf bestand die Kummerin mit der ganzen Kraft ihres eigenwilligen Wesens, treffe den Meimsheimer Pfarrer nicht die geringste Schuld an diesen Umständen. Er habe sich erst nach langem Zögern und Sträuben zum Zeugungsgeschäft bereit gefunden. Überhaupt habe er sich nur deshalb dazu bequemt, weil sie ihn davon habe überzeugen können, daß Gott ihn auserwählt habe, mit ihr einen der beiden apokalyptischen Zeugen zu zeugen, von dem in der Offenbarung des Johannes die Rede sei. Daraufhin aber hätten sie sich an Lichtmeß des Jahres 1792 auf dem Sofa in der Studierstube des Pfarrers nach Kräften bemüht, den göttlichen Befehl zu erfüllen und zum zweiten Mal ein Dreivierteljahr später, an Michaelis.

„Gott kennt meine Unschuld", empörte sich der Pfarrer Hiller wenige Tage später, als er mit dem Verdacht der Unzucht und mit dem Vorwurf der Vaterschaft konfrontiert wurde. Allerdings hatte er nicht damit gerechnet, daß in diesem speziellen Fall die weltliche Obrigkeit schon weit besser über die Wahrheit Bescheid wußte als jene göttliche, die er zum Zeugen seiner Tugendhaftigkeit anrief. So brauchte es nicht mehr viel, um den Meimsheimer Pfarrer seiner Schandtat zu überführen und ihn davon zu überzeugen, daß einzig und allein ein Geständnis das Mittel sei, um ihn vor den strafrechtlichen Folgen seines ehrlosen Tuns zu bewahren. Die schleunigste Entlassung aus dem Kirchendienst allerdings war durch nichts mehr aufzuhalten. Der Pfarrer Hiller bezahlte also seine bodenlose Leichtgläubigkeit mit der Vernichtung seiner bürgerlichen Existenz. Seine Verführerin aber mußte mitten in Brackenheim eine halbe Stunde lang am Schandpfahl ausharren, danach drei Jahre lang im Ludwigsburger Zuchthaus für ihre Verfehlungen büßen und hatte außerdem noch den Tod ihres Büble zu betrauern. Das war, kurz nachdem es auf den Namen Jakob Daniel Elias getauft worden war, an Schwächlichkeit gestorben.

Ungebrochen aber blieb die Maria Gottliebin Kummer auch im Zuchthaus ihrer Überzeugung treu, sie sei als Prophetin auserwählt, die Welt mit ihren Erleuchtungen zu beglücken. Kaum hatte sie nach ihrer Entlassung bei einer Verwandten in Besigheim Unterschlupf gefunden, da machte sie schon wieder mit einer ihrer berühmten Erleuchtungen von sich reden. In der Christnacht des Jahres 1800, so phantasierte sie vor großem Publikum, habe ein Engel zu ihr gesprochen und gesagt, die Kinder Gottes sollten sich schleunigst aufmachen ins ferne Palästina, um dort das alsbald anbrechende Weltgericht zu erwarten.

Wenig später schon hatte sie ein gutes Dutzend Verblendeter um sich geschart, die sich nun unter der Führung ihrer vermeintlichen Erlöserin aufmachten und auf ihrer ersten Etappe in Richtung Wien beträchtliches Aufsehen erregten mit ihren blutbespritzten Pilgerstäben, an denen lange, himmelblaue Bänder flatterten. Allerdings war in der Kaiserstadt die Reise in die Ewigkeit schon zu Ende. Nachdem der eigenartigen Gesellschaft die Pässe zur Weiterreise verweigert worden waren, zerstob die verzweifelte Pilgerschar schnell in alle Himmelsrichtungen. Ihre Anführerin aber kroch beim Schwager im Elsaß unter. Und als einem, der gleichfalls des öfteren von Kobolden der Übersinnlichkeit gepiesackt wurde, war ihm diese Verstärkung recht willkommen.

Zum Einstand am neuen Ort ihres Wirkens überraschte die Kummerin die Einwohner des Städtchens Markirch, das heute Sainte-Marie-aux-Mines heißt und damit an die dortige Bergbautradition erinnert, mit der Vorhersage von furchtbaren Kriegs- und Hungerzeiten. Was schon damals eine wenig gewagte Vorhersage war, denn in ihrem unermüdlichen Drang, die Welt auf den Kopf zu stellen, sorgen die Menschen immer wieder für solch notvolle Zeiten. Aber immerhin hatte die neue Ortsprophetin mit ihrer Weissagung das Erscheinen eines Kometen einigermaßen verständlich erklärt und wieder einmal erfolgreich auf sich und ihre sonderbaren Talente aufmerksam gemacht. So stand ihr von nun an nicht nur die Tür zum Markircher Pfarrhaus weit offen, sie fand auch Zugang zum Herzen des Pfarrers Fontaine, der sich lange vor ihrer Ankunft schon als ein „Erweckter" einen gewissen Namen gemacht hatte.

Eine weit vornehmere und vielversprechendere Bekanntschaft aber machte die Exilschwäbin, als eines Morgens, es war der 5. Juni des Jahres 1808, vor dem Markircher Pfarrhaus eine noble Kutsche hielt. Der entstieg eine nicht minder elegante Dame, die sich dem Pfarrer Fontaine und der Kummerin als Baronin von Krüdener vorstellte.

Diese Baronin hatte in ihrem 44jährigen Leben schon so manches durchgemacht. Als junges Mädchen hatte sie sich in den Pariser Salons durch ihr ausnehmend charmantes und sehr zugängliches Wesen einen gewissen Ruf erworben, den auch die Heirat mit dem Baron von Krüdener nicht hatte erschüttern können. Mit 40 Jahren aber verkehrte sich ihre ausgeprägte Lebenslust mit einem Schlag in schwerblütige Frömmigkeit. Dem jähen Herzschlag ihres Mannes war diese Läuterung zu verdanken, denn der wurde vor den Augen der Baronin per Sekundentod dahingerafft. Von da an bemühte sich die Witwe mit aller Kraft um die gottgefälligen Genüsse der Frömmigkeit. Mit Eifer besuchte sie die Hochburgen der pietistischen Erweckungsbewegung in Württemberg und Baden, und als sie an jenem Sommermorgen in Markirch ankam, war sie in Glaubensdingen eigentlich schon ziemlich firm.

Ausnehmend gut gefallen hat es der Baronin beim Pfarrer Fontaine und seiner inspirierten Helferin. Und noch lange Jahre hätte sie sich dort gemütlich dem Studium der Bibel und der Armenpflege widmen können, wenn ihr nicht eines Abends die unermüdlich einfallsreiche Kummerin eine besonders verlockende Gottesbotschaft verkündet hätte. Im Königreich Württemberg, so habe es ihr ein Engel geflüstert, sei schnellstens eine christliche Kolonie zu gründen. Und niemand anderes als die Baronin sei dazu ausersehen, dieses gottgefällige Projekt zu finanzieren. Höchst geehrt fühlte sich die Auserwählte ob dieses Auftrags, und geschickterweise wußte die Kummerin gleich auch den Ort für diese Gründung anzugeben. Es war das Hofgut Katharinenplaisir ganz in der Nähe ihres Heimatorts Cleebronn. Das hatte im Jahr 1775 der Amtmann Georg Xaver Grimm erbaut, und schon als 20jährige hatte die Wengerterstochter davon geträumt, einmal in einem solch vornehmen Haus zu wohnen.

So kam es, daß am 12. Februar des Jahres 1809 drei hochbepackte Wagen vor dem Markircher Pfarrhaus abfuhren, um die Baronin Krüdener, die Maria Kummer, den Pfarrer Fontaine samt Anhang, einen russischen Diener und einen elsässischen Koch sicher an den Ort ihres neuen Wirkens zu schaukeln. Mehr als angetan war die Baronin vom neuen Domizil im schwäbischen Unterland. Wie sehr ihr es dort gefiel, schrieb sie eineinhalb Monate nach dem Einzug an eine Freundin: „Das Haus liegt mitten in Weinbergen und Wäldern am Fuß eines Berges, auf dessen Gipfel ein altes Kloster steht, von wo aus man die ganze Gegend überblickt. 62 Städte, Schlösser und Dörfer entdeckt man von dort aus. Mein Schlafzimmer hat eine grüne Tapete und viel Sonne. Es ist wonnig, es schaut auf das Kloster, die Weinberge, die Wälder und eine großartige Natur. Durch des Herrn Befehl haben wir dieses Haus bekommen. Niemals hätte ich sonst gewagt, diesen Aufwand zur Instandsetzung zu machen. Jetzt ist es entzückend."

An diesem entzückenden Ort nun predigten die Baronin, die Kummerin und der Pfarrer Fontaine im Schichtbetrieb über die nahe Weltnot und die Wiederkehr Christi. Ansonsten ließen sie sich's recht gutgehen in der Geborgenheit des herrschaftlichen Anwesens. Mit der Zeit entwickelte sich Katharinenplaisir zu einem gutbesuchten Wallfahrtsort, wobei die verzückten Auftritte der Kummerin in grauem Kleid und weißem Schleier der absolute Höhepunkt im Programm der Cleebronner Erweckungs-Show waren. Nur wurde mit der Zeit auch die Polizei auf diesen Rummel aufmerksam. Und so dicht war der weiße Schleier der Kummerin nun auch wieder nicht, daß es einem geschulten Polizistenauge nicht gelungen wäre, unter dem Spitzengespinst das wohlbekannte Gesicht der einstigen Pfarrersverführerin von Meimsheim auszumachen.

Um neuen Untaten rechtzeitig vorzubeugen, wurde die Kummerin abermals verhaftet, zunächst ins Ludwigsburger Zuchthaus gesperrt und schließlich ins Heilbronner Arbeitshaus verfrachtet, um sich dort in bescheideneren Tätigkeiten zu üben. Was einerseits beweist, daß nicht nur der Prophet, sondern auch die Prophetin im eigenen Land wenig gilt und andererseits, daß die württembergische Obrigkeit schon damals ein eisernes Gedächtnis hatte. Bis hinauf zu Seiner Majestät, dem König Friedrich, gelangte schließlich die Nachricht von der wundersamen Christenkolonie in seinem nagelneuen Königreich, und der fackelte nicht lang und warf die ganze Erweckungsgesellschaft in hohem Bogen zum Ländle hinaus.

Recht weit fortgeschritten in den Techniken des Prophezeiens war inzwischen auch die Baronin, und so reiste sie nun als ambulante Erweckungspredigerin allein in Süddeutschland und der Schweiz umher. Solange, bis die himmlischen Stellen ihr im Frühjahr 1815 den Befehl erteilten, sie solle sich in Schluchtern beim Müller Johann Jakob Koch einmieten. Dort nämlich, so wurde ihr verhießen, würde sie dem Russenzaren Alexander begegnen, der auf dem Rückweg vom Wiener Kongreß in sein Heidelberger Hauptquartier im Neckarstädtchen Heilbronn Station mache.

Mit reichlich Glück und mindestens soviel Courage gelang es der Baronin von Krüdener am Abend des 4. Juni 1815 auch tatsächlich, den russischen Kaiser in einen frommen Plausch zu verwickeln und ihm dabei den Rat zu geben, sich fürderhin nicht mehr in diesseitige Liebeshändel zu verstricken, sondern sich umso intensiver der „Liebe des Gekreuzigten" hinzugeben. Irgendwie muß der Enddreißiger von der reifen Dame sehr angetan gewesen sein. Zwei Wochen lang besuchte er nun täglich die Baronin, um sich mit seiner Glaubensfreundin dem Bibelstudium und dem Gebet hinzugeben. Und als ihn dann dringende Regierungsgeschäfte nach Paris riefen – der Franzosenkaiser hatte sein endgültiges Waterloo erlebt – lud er die Baronin samt Gefolge herzlich ein, ihm dorthin zu folgen.

Zu diesem Gefolge gehörte auch wieder die Maria Gottliebin Kummer, der die Freundin nach ihrer Entlassung aus dem Heilbronner Arbeitshaus auf dem Rappenhof bei Weinsberg ein neues Hauptquartier eingerichtet hatte. Auch dorthin war natürlich die Kunde von der neuen Stellung der Baronin als erste geistliche Kaiserberaterin gedrungen. Eine Nachricht, die augenblicklich neue Bewegung ins Leben der Kummerin brachte.

Gemeinsam mit dem Pfarrer Fontaine machte sich die mittlerweile knapp 60jährige Allerweltsprophetin schleunigst auf nach Paris. Sie wollte dem Russenkaiser ebenfalls eine Kostprobe ihrer Offenbarungskunst geben. Und damit sie ganz sicher sein konnte, vom Kaiser nicht übersehen zu werden, schlich sie sich eines Abends ins Vorzimmer der Hotelsuite, die ihre Freundin für die kaiserlichen Besuche gemietet hatte. Dort warf sie sich beherzt auf ein Sofa, und als der Kaiser dann endlich kam, strampelte und strabelte sie in höchster Verzückung. So etwas war selbst für einen welterfahrenen Mann wie den russischen Zaren ein nicht alltägliches Erlebnis. Und in seinem beträchtlichen Schrecken bat er die Krampfgeschüttelte besorgt um Auskunft über den Grund ihrer eigenartigen Beschwerden. Die Kummerin nun sagte, um die Spannung noch zu steigern, zuerst einmal gar nichts. Dies nun war der rechte Moment für den Pfarrer Fontaine, eilends zu erklären, diese Frau sei eine Prophetin des Ewigen und habe von Gott den Auftrag, mit dem russischen Kaiser zu sprechen. So einem Ansinnen konnte sich ein Kaiser von Gottes Gnaden natürlich schlecht verweigern. Also zog der Zar einen Stuhl neben das Sofa, um der Botschafterin seines obersten Chefs in aller Ruhe zu lauschen. Die phantasierte nun so mancherlei von ihrer himmlischen Sendung, was ihr kaiserlicher Zuhörer sich mit geduldigem Wohlwollen anhörte.

Als sie aber nach einem Viertelstündle so richtig konkret wurde und den Neffen des württembergischen Königs um einen fürstlichen Beitrag zur Gründung einer neuen Christenkolonie in Weinsberg anschnorrte, da wurde es dem russischen Regenten doch ein bißchen zu bunt. Er ließ die Kummerin auf ihrem Sofa weiterzappeln und sich von der Baronin, die von diesem Zwischenfall recht peinlich berührt war, in den Salon führen. Doch irgendwie, das spürte die Baronin, hatte der Vorfall ihren Kaiser tief verstimmt. Umso heftiger bearbeitete sie ihren Gast nun, doch endlich die von ihr vorgeschlagene Gründung einer politischen Allianz mit christlicher Grundierung ernstlich zu betreiben, denn anders als diese Halbverrückte im Vorzimmer, sei sie wirklich voll der himmlischen Erleuchtung und ein gottgefälliger Staatenbund derzeit das wichtigste Anliegen der überirdischen Mächte.

Ganz baff war der Russenkaiser ob dieser selten temperamentvoll vorgetragenen Himmelsbotschaft, und in seinem Schrecken versprach er augenblicklich, den göttlichen Auftrag zu erfüllen. Dann schaute er wie beiläufig auf die Uhr, strich sein Frackhemd glatt und stand auf, um sich von seiner anstrengenden Gastgeberin zu verabschieden. Und die, obwohl sie über ihren langersehnten diplomatischen Erfolg eigentlich recht entzückt war, rauschte nun hinaus ins Vorzimmer, um sich ihre geldgierige Freundin nach allen Regeln der Hysterie vorzuknüpfen. Die Folge dieser bewegten Aussprache war, daß die Kummerin zwei Tage später die Weltstadt Paris verließ und sich sicher sein konnte, es mit ihrer reichen Beschützerin auf immer und ewig verscherzt zu haben.

Auf Eis gelegt waren und blieben nach jenem folgenschweren Abend auch die Beziehungen zwischen dem russischen Zar und seiner adligen Betschwester. Doch immerhin durfte sich die Barbara Juliane Freifrau von Krüdener am 26. September des Jahres 1815 mit der Genugtuung trösten, daß sie es mit ihrer christlichen Seelenmassage beim russischen Zar immerhin soweit gebracht hatte, daß sich Rußland, Preußen und Österreich zur Heiligen Allianz zusammenschlossen, um fortan „gemäß den Worten der Heiligen Schrift zu regieren". Nur entpuppte sich dieses Gelöbnis weniger Jahre später als eine eher unheilige Allianz, denn die Regierenden nützten die Möglichkeiten dieses Vertragswerks vor allem dazu, ihren freiheitsdurstigen Untertanen nach allen Regeln der Gewaltherrschaft aufs Kappendach zu hauen.

Ganz und gar ausgespielt hatte die Maria Gottliebin Kummer, als sie ohne einen gotzigen Kreuzer und Rubel wieder zurückkehrte auf den Rappenhof. Der wurde ihr nämlich bald unter dem Rockschoß weg zwangsversteigert, und sie landete in einem der wenig komfortablen Armenhäuser des Landes. Als sie dort entlassen wurde in ihrer ganzen Armseligkeit, fristete sie den Rest ihres abenteuerlichen Lebens im Heimatflecken Cleebronn und mußte froh sein, wenn eine barmherzige Seele ihr ab und zu ein Bröckele Brot zusteckte. Am 24. Februar des Jahres 1828 aber, mit einundsiebzigeinhalb Jahren, wurde die unselige Prophetin von ihrer weltlichen Not erlöst. Endlich durfte sie in jene Gefilde überwechseln, die sie lange zuvor schon in Hunderten von Verzückungen einer staunenden Welt auf das Genaueste beschrieben hatte.

# Der geflügelte Klosterbruder

*Wie der Schussenrieder Mönch Kaspar Mohr sich in ein Federkleid hüllte und das Fliegen probierte*

Mucksmäuschenstill und mit gesenkten Köpfen saßen an einem himmelblauen Sonntagmorgen des Frühjahrs 1622 die Bauernbuben von Otterswang in den hinteren Bänken der Dorfkirche. Und jedes Mal, wenn der Blick des hochwürdigen Herrn Pater ihre versammelte Wohlanständigkeit streifte, da wurde es ihnen sehr eigentümlich ums Gemüt. Dabei hatten sie doch alle ein engelreines Gewissen. So sehr sie auch darüber grübelten, welche ihrer mehr oder weniger harmlosen Lausbubereien der vergangenen Woche dem Herrn Pfarrer zu Ohren gekommen sein könnte, sie entdeckten beim besten Willen nichts, was geeignet sein mochte, in den Rang einer Sünde erhoben und dementsprechend geahndet zu werden. Aber bei den Erwachsenen wußte man nie so recht. Und ganz ohne Grund hatte sie der Herr Pater sicher nicht vor dem Gottesdienst ermahnt, nach der Messe nicht gleich in alle Himmelsrichtungen auseinanderzuspringen, sondern bei der Kirchentür brav auf ihn zu warten.

So also standen sie, als das letzte Orgelbrausen sich im Kirchenschiff verloren hatte, als eine verschüchterte Herde junger Böcklein beim Kirchenportal und harrten demutsvoll der ungewissen Dinge, die in Gestalt des hochwürdigen Herrn auf sie zukommen würden. Und der Umstand, daß so mancher Vater seinem Buben im Vorbeigehen grollend mit dem Hagenschwanz drohte für den Fall, daß irgendetwas Ungehöriges oder gar Gotteslästerliches ans helle Licht dieses Sonntagmorgens käme, war auch nicht gerade dazu angetan, ihre Zuversicht zu stärken.

„So, meine liebe Buebe, jetzt spitzet d' Ohre ond höret m'r g'nau zua", sprach der Herr Pater, als er mit festem Schritt und sanft schwingender Kutte über die Schwelle der Kirchentür trat. Er stellte sich mitten unter die ungewöhnlich stille Schar der Otterswanger Lausbuben und legte vertraulich eine Hand dem Jörgle, die andere dem Alois auf die Schulter. Nicht wie ein strenger Vater, sondern wie ein guter Freund sprach der Herr Pater zu den Buben. Und als sie nach einer Viertelstunde wie ein Schwarm wildgewordener Roßmucken auseinanderstoben, da war alle Herzensschwere vergessen, die sie noch kurz zuvor so niedergedrückt hatte.

Daheim beim Mittagessen allerdings, als sie von ihren Eltern gründlich ausgehorcht wurden nach der Ursache für die Extrapredigt nach der Messe, da kamen die Otterswanger Lausbuben noch einmal in schwere Bedrängnis. „Nix isch g'wä, helfe müßet m'r em Herr Pater halt bei ebbes", war der knappe Bescheid, mit dem die Knaben dem elterlichen Wunderfitz trotzten. Nun war das zweifellos eine sehr dürre Auskunft. Und wenn nicht der hochwürdige Herr selber mit im Spiel gewesen wäre, dann hätten sich ihre kurzangebundenen Väter und ihre mißtrauischen Mütter eine so schnöde Entgegnung schwerlich gefallen lassen. In diesem Fall aber war es etwas anderes. Schließlich war der ehrwürdige Vater vom Schussenrieder Kloster weit und breit bekannt als ein nicht nur hochgebildeter, sondern auch als ein zuweilen etwas eigenwilliger Gottesmann. Bei so einem wie dem Pater Mohr konnte es schon sein, daß er die Otterswanger Lausbuben mit irgendeinem Geschäft betraut hatte, von dem vorerst niemand als die Beteiligten selbst etwas zu wissen brauchte.

Arg lange dauerte es nicht, bis sich das Geheimnis um den pfarrherrlichen Auftrag an die Otterswanger Dorfjugend ein wenig lichtete. Zuerst kamen der Sache jene Bauersleute auf die Schliche, die eine mehr oder weniger schmucke Gänseherde ihr eigen nannten. Die Otterswanger Gänse nämlich wurden gleich zu Beginn der Woche von einem ganz eigentümlichen Leiden befallen. Von einem Tag auf den anderen zeigten sie sehr auffällige Lücken in ihrem Federkleid. Und ausgerechnet jene Federn gingen ihnen aus, die zum Schreiben besonders trefflich taugten und deshalb bei den gelehrten und schreibfreudigen Klosterherren höchst begehrt waren. Das besonders Eigenartige an diesem rätselhaften Federnschwund aber war, daß die Gänsefedern nicht nur ausfielen, sondern danach spurlos verschwanden.

Kein Wunder, daß die Otterswanger Bauernschaft im Lauf der Woche reichlich Federlesens machte von diesem absonderlichen Geschehen. Und so mancher Kleinviehbesitzer begann schon ernsthaft um sein Zubrot zu fürchten, das er sich seit Jahren mit dem Verkauf von 1a-Gänsekielen an die Schussenrieder Chorherren verdiente.

Mochte da vielleicht, so überlegte man sich's im Dorf, ein gotteslästerlich liederlicher Lump am Werk sein, der sich in unbeobachteten Momenten an ihrem Federvieh vergriff? Der Augenschein jedenfalls sprach dafür. Der Gänseplünderer rupfte die Vögel derart rabiat, daß die armen Geschöpfe bald aussahen, als stünden sie kurz vor ihrem weit verfrühten Ende am Bratspieß.

Sehr eigentümlich an dieser leidigen Sache war überdies, daß kein einziges Otterswanger Hirtenbüble etwas von diesem gottverdammten Gänsefledderer bemerkt haben wollte. Selbst dann, wenn man sie ins strengste Gebet nahm, zuckten sie nur unwillig mit den Schultern und schauten blinzelnd in Richtung des Otterswanger Kirchturms. Gerade so, als könnte dessen feste Gestalt sie stärken gegen die rohe Drohung der Gänsebesitzer, ihnen die sture Verstocktheit mit Haselgerten aus dem Leib zu pfitzen.

So war in den ansonsten recht beschaulichen Flecken über dem Schussental in wenigen Tagen eine beträchtliche Unruhe eingekehrt. Jeder, der seinen Verstand zu mehr gebrauchen konnte als zum Kuhfladenzählen, zerbrach sich den Kopf über den allenthalben grassierenden Federnschwund. Und so war es kaum verwunderlich, daß die christkatholische Gemeinde von Otterswang am darauffolgenden Sonntag der Predigt ihres Pfarrherrn Kaspar Mohr nicht wie üblich mit gottgefälliger Aufmerksamkeit lauschte. Das Bauernvolk war innerlich zu aufgewühlt, um sich an den bewegten Worten ihres Seelenhirten gründlich zu ergötzen.

So erfuhr allein der Mesner, der schon von Berufs wegen zur erhöhten Aufmerksamkeit verpflichtet war, von den himmlischen Wundern, die der Herr Pater an jenem Sonntag besonders inspiriert schilderte und sich dabei so sehr erhitzte, daß ihm um ein Haar das Brevier von der Kanzel gefallen wäre. Von Engeln in strahlend weißen Gewändern schwärmte der Herr Pfarrer, die sich mit mächtigem, doch kaum hörbaren Flügelschlag in den sanftblauen Weiten des Himmels tummelten. Auch vom wunderbaren Gefühl ihrer Leichtigkeit und von ihrer sorglosen Schwerelosigkeit phantasierte der beseelte Geistliche. Und es hätte nicht viel gefehlt, so erzählte es der Mesner später am Wirtstisch, da hätte der Herr Hochwürden selbst seine Arme ausgebreitet, um sich aufzuschwingen zu den Sphären der himmlischen Freiheit.

Doch damit nicht genug. Nachdem er die Geschmeidigkeit seiner Zunge und die Kraft seiner Phantasie mit einem dritten Gläschen Branntwein gestärkt hatte, behauptete der Kirchendiener gar, der Herr Pater hätte wirklich und wahrhaftig behauptet, daß der weite und lichte Himmel über dem schwäbischen Oberland das bevorzugte Ausflugsgebiet der geflügelten Himmelswesen sei. Und als ihm der ausnahmsweise einmal spendable Wirt noch ein Gratis-Obstwässerle aus seinem Feiertagsfläschchen vor die leicht gerötete Nase setzte, da verstieg sich der Wirtshausprediger zu der Behauptung, der Pater Mohr selbst sei mit allerhand Wunderkräften begabt. Gerade heute, gleich nach dem Gottesdienst, berichtete der Kirchenknecht, habe er wieder einmal so eine Kostprobe von des Paters heiligmäßigen Künsten erleben dürfen. Einen mehr als mannshohen und prall gestopften Rupfensack habe der Herr Pfarrer in der Sakristei mit einer kaum vorstellbaren Leichtigkeit auf die Schulter gerissen. Und so munter und unbeschwert sei er mit seiner gewaltigen Last dann zum Dorf hinausgewandert, als trüge er keinen eingesackten Doppelzentner auf dem Rücken, sondern allenfalls ein federleichtes Gewicht.

Nicht anders, als hätte sie alle miteinander der Blitz oder ein mahnendes Wort ihrer Weiber getroffen, fuhren die Wirtshaushocker beim letzten Satz des Mesners zusammen. Und auf dem Heimweg zum sonntäglichen Mittagessen schnitt sich ein jeder, der Vater eines halbwüchsigen Sohnes war, ein saftiges Haselrütchen, um seinem Lausbuben den Lohn für die so wundersam federleichte Last, die der Pfarrer Mohr an diesem Sonntagmorgen aus dem Flecken getragen hatte, auf den Hosenboden zu streichen.

Mindestens so sehr wie die Hauptbeteiligten an der Otterswanger Gänsefedernkollekte über ihre unverhoffte Abreibung staunte der Abt des Klosters Schussenried am Nachmittag jenes Sonntags, als er zu seinem Mitbruder Kaspar in die Studierstube trat. Kaum hatte er die Tür einen Spalt breit geöffnet, da wirbelten Unmengen von Federn vom groben Dielenboden auf, und er hatte Mühe, den Bruder Mohr überhaupt auszumachen in diesem zartweißen, duftigen Chaos. Und während er ihn freundlich darum bat, bei Gelegenheit doch wieder einmal nach der Orgel zu schauen, die seit einigen Wochen schon wieder so eigenartig pfeife und schnaufe, mußte er sich ein paar widerspenstige Flaumfedern aus dem Backenbart zupfen. Doch bevor er sich recht über die eilfertige Zusage des Bruders Kaspar freuen und über die Federnwolken ausgiebig wundern konnte, fing der ganz erbärmlich zu jammern an.

Wie beschwerlich ihm diese leidigen Sonntagsmärsche hinüber nach Otterswang seien, klagte der Bruder Kaspar wortreich, und wie inständig er tagtäglich zu seinem Herrgott bete, daß er ihn doch endlich von der Pflicht befreie, dort den Gottesdienst halten und auch noch alle anderen geistlichen Dienste versehen zu müssen. Dabei seufzte er so tief und innig, daß es der Abt aus brüderlicher Rücksicht und vielleicht auch ein wenig aus Furcht vor einem unendlichen Klagelied nicht wagte, seinen Confrater ernsthaft auszuforschen und zu befragen, wozu er diese Unmenge von Gänsefedern, diese vielen Peitschenschnüre und dieses ganze Lattenwerk, das auf dem Zellenboden aufgeschichtet war wie eine Scheiterbeige, wohl zu gebrauchen gedenke. Um eines hoffentlich bald wieder rein tönenden Orgelwerks willen ließ er den Bruder Kaspar in seinen wunderlichen Beschäftigungen gewähren.

Ein gutes halbes Jahr später war es, als der Abt Matthäus Rohrer, wie so oft in jener Zeit, spät in der Nacht zum Fenster seiner Schlafstube hinausschaute, um sich von Herzen darüber zu freuen, wie schnell der Turm seiner Stiftskirche emporwuchs zu einer bisher nicht gekannten Höhe. Eine angenehme Zufriedenheit breitete sich in der Seele des erst 27jährigen Stiftsherrn aus, der es nach seiner Wahl in nur einem Jahr vermocht hatte, dem geistlichen Schlendrian Einhalt zu gebieten, der sich unter seinem willenlosen Vorgänger unter den Mönchen breit gemacht hatte.

Doch nicht nur seine klösterlichen Mitbrüder, auch alle anderen Untertanen der Klosterherrschaft hatten schon die kräftig ordnende Hand dieses energischen Biberachers zu spüren bekommen. Ein ganze Litanei von neuen und strengen Vorschriften für einen gottgefälligeren Lebenswandel hatte er in den Kirchen von Reichenbach, Eggmannsried, Steinhausen, Oggelshausen, Allmannsweiler, Untereggatsweiler, Stafflangen, Attenweiler, Winterstettendorf, Otterswang, Eberhardzell, Michelwinnaden und natürlich auch Schussenried verlesen lassen. Und noch nachhaltiger als beim Anblick des Allerheiligsten bei der Wandlung hatte das Bauernvolk angesichts dieser schier endlosen Liste neuer Moralvorschriften die Augen niedergeschlagen, um still und innig um die Erlösung von allen weltlichen Beschwernissen zu beten.

Doch nicht nur die allgemeine Sittlichkeit hatte durch die neuen Vorschriften einen beachtlichen Aufschwung genommen, auch die Klosterkasse hatte spürbar von der Sittenreform profitiert. Allein die Tatsache, daß jetzt für jeden Fluch eine Strafe von fünf Schillingen ans Kloster zu berappen war, hatte für erfreuliche Einkünfte gesorgt. Und auch die Vorschrift für die Wirte, ihren Gäste tagsüber nicht mehr Branntwein auszuschenken, als für zwei Kreuzer zu haben war, hatte so manchen Strafpfennig eingebracht. Von diesen und von all den anderen Strafgeldern ließ sich zur Freude des Abts und zur Ehre Gottes am Schussenrieder Kloster herrlich bauen.

Nach solch angenehmen Gedanken hätte der Matthäus Rohrer nun eigentlich zufrieden sein nächtliches Dankgebet sprechen und selig einem neuen Tag entgegenschlummern können. Doch genau in dem Augenblick, als er seine mildglänzenden Augen vom hohen Sternenzelt ab- und wieder erdwärts wandte, da erblickte er drunten im Klosterhof ein vogelähnliches Wesen von riesenhafter Gestalt. Ein Tier, das offensichtlich gewaltige Schwierigkeiten hatte, seine Körpermasse in die Luft zu erheben und deshalb recht plump und unbeholfen im Geviert hin und her hüpfte. Wie vom Leibhaftigen gejagt, stürmte der Abt die Treppen hinab, hinaus in den Klosterhof und jenem flügelschwingenden Ungeheuer hinterdrein, das sich jetzt mit wildem Geflatter tatsächlich einen halben Meter über den Boden erhob.

Couragiert, wie es die Art dieses wackeren Gottesmannes war, hetzte er hinter dem wundersamen Nachtvogel her. Er packte ihn bei einer seiner beiden riesenhaften Schwingen und riß ihn mit aller Kraft zu Boden. Dann kniete er mit dem ganzen Gewicht seines kompakten Körpers auf den Leib dieses flatterhaften Ungeheuers. Mit schrillen Schmerzensschreien, mit einem rauhen Todeskrächzen oder auch mit einem markerschütternden Pfeifen hätte der kühne Vogelfänger nun ohne weiteres gerechnet. Nicht aber mit den wohlvertrauten Worten des Vaterunsers, die diese Kreatur bald schwer atmend von sich gab. Von einem nun wirklich jähen Schrecken durchbebt, erhob sich der Abt schleunigst von seinem Opfer. Und als sich das wunderliche Wesen aufgerichtet hatte, da reckte sich dem tapferen Abt kein gekrümmter Schnabel entgegen, sondern die leicht lädierte Nase des stöhnenden Bruders Kaspar Mohr.

Jeden anderen Menschen hätte in jener von Glauben und Aberglauben durchwachsenen Zeit nun unabwendbar eine tiefe Ohnmacht ereilt, der junge Abt aber blieb standhaft und bei Sinnen. Er half seinem Mitbruder sogar die arg zerzausten Flügelreste einzusammeln und zusammenzuraffen. Dann bat er ihn mit ruhiger Stimme hinauf in sein Amtszimmer, damit er ihm dort in aller Ausführlichkeit berichte und erkläre, was um Himmels willen oder in Drei Teufels Namen ihn dazu gebracht habe, sich ein Holzgerüst mit Flügeln auf den Rücken zu schnallen und zu nachtschlafender Zeit wie ein sturzbetrunkener Storch kreuz und quer durch den Klosterhof zu hüpfen.

Schwer schnaufte der sonderbare Nachtschwärmer die steile Stiege hinauf, und als Matthäus Rohrer diese gebeugte Gestalt vor sich treppaufwärts wanken sah, da bereute er schon wieder seine vielleicht doch etwas zu schroff geratenen Worte gegenüber dem immerhin fast 20 Jahre älteren Mitbruder. Und in einer Geschwindigkeit, die seinem stets verläßlichen Gedächtnis angemessen war, bedachte der Abt die reichen Verdienste dieses ungewöhnlichen Mannes für das Kloster und Stift Schussenried. Und er erinnerte sich auch an alles andere, was er vom Leben und Wirken dieses Kaspar Mohr lange vor jenem Tag gehört hatte, als er in einer Stichwahl gegen diesen nicht minder würdigen Konkurrenten um Amt und Würde des Schussenrieder Abts gesiegt hatte.

Auf einem Bauernhof auf dem Hochgelände zwischen Eberhardzell und Hochdorf, so hatte es der Bruder Kaspar in aufgeräumter Runde selbst einmal erzählt, sei er zu Welt gekommen. Seit jeher sei seine Sippe in der Gegend um Biberach daheim, und sie sei in allen Dingen stets recht fleißig gewesen. So fleißig jedenfalls, daß es dem Geschlecht der Mohren nie besonders schwer gefallen sei, der heiligen Kirche immer wieder einen Sohn zu stellen und ihr damit die Sorge um den geistlichen Nachwuchs mindern zu helfen. Also sei er nach seinen ersten Lektionen in der Hochdorfer Bauernschule in die Schussenrieder Klosterschule eingetreten und dem väterlichen und dem göttlichen Willen gemäß bald Novize geworden. Auch habe er nach seiner Probezeit dann mit Freuden die heiligen Gelübde ab- und die Mönchskutte ein für allemal angelegt.

Mit 23 Jahren dann sei er vom Abt Mangold gemeinsam mit seinem Mitbruder Johann Ruos auf die Universität nach Freiburg geschickt worden. In allen Disziplinen habe er dort sein Wissen nach Kräften mehren können, besonders aber habe er sich für die klare Schönheit der mathematischen Wissenschaften begeistert und für deren sinnliche, doch deshalb nicht weniger ehrbare Schwester, die Musik. Dank des göttlichen Beistands, so hatte der durch und durch bescheidene Bruder Kaspar damals beiläufig bemerkt, habe er es in der Musik und in der Mathematik wohl durchaus zu einiger Fertigkeit gebracht. So sei er im Jahr 1600 in sein geliebtes Schussenrieder Kloster zurückgekehrt und wohlversehen mit allem nötigen Wissen um den Glauben und die Kirche mit 25 Jahren zum Priester geweiht worden.

In weit hochgestimmteren Tönen allerdings, so erinnerte sich der Abt jetzt an seinen ersten Rundgang durchs Kloster nach seinem Einzug in Schussenried, hatten alle anderen Brüder die ungewöhnlichen Fähigkeiten und Kunstfertigkeiten des Kaspar Mohr gerühmt. Von seinen unglaublichen Talenten in allerlei mechanischen Künsten hatten sie ebenso bewegt geschwärmt wie von seiner Gelehrsamkeit in der lateinischen Sprache. Und mindestens so genau wie an diese Hymnen der Bewunderung erinnerte sich der Abt an sein blankes Erstaunen, als er unter dem mächtigen Uhrwerk im Turm der Stiftskirche gestanden und der Bruder Kaspar als der Erbauer dieses Wunderwerks ihm bis ins Kleinste jede Einzelheit seiner Konstruktion erklärt hatte. Wie innig hatten da seine tiefbraunen Augen vor Begeisterung geleuchtet. Doch wie jäh hatte sich dessen Miene verdüstert, als er ihn ganz naiv nach jener wunderbaren Orgel gefragt hatte, von deren reinem und betörendem Klang man sich in allen Klöstern des Oberlands seit Jahren die reinsten Wunderdinge erzählt hatte.

Nun ja, er hatte damals eben noch nicht wissen können, daß dieser Tüftler ein solch besessener Perfektionist war, daß er sein Meisterstück – gegen den eindringlichsten Widerspruch des damaligen Abts und all seiner Brüder – wieder abgebaut hatte, als er im Jahr 1614 von seinen theologischen Studien in Rom zurückgekehrt war. Dort, so hieß es, habe der Bruder Kaspar Orgelwerke von solcher Pracht und Klangfülle gesehen und gehört, daß er sein eigenes, von ihm selbst ersonnenes und gebautes Instrument nicht mehr länger hätte hören können.

Doch hatte der brave Mohr von seinem vierjährigen Studienaufenthalt in Italien nicht nur die gar zu ausgeprägte Fähigkeit zur Selbstkritik mitgebracht, sondern auch eine sechsseitige Urkunde der berühmten Universität von Perugia. Darin wurde dem schwäbischen Gaststudenten bescheinigt, daß er sein Studium „summa omnium cum laude et applausu", mit allerhöchstem Lob und Beifall also, gemeistert hatte. Doch hatte sich der Bruder Mohr nie etwas besonderes auf seinen italienischen Doktortitel eingebildet. Wie ehedem hatte er sich nach seiner Rückkehr von den italienischen Quellen des Wissens und der Bildung im Jahr 1614 wieder willig seinen theologischen Pflichten gewidmet und mit Begeisterung seinen handwerklichen Leidenschaften.

Wo immer es im Kloster etwas zu schreinern, zu schlossern oder zu schmieden gab, da war der Bruder Kaspar mit seinen Werkzeugen und seiner Geschicklichkeit zur Stelle. Es gab schlechterdings nichts, was sein Tüftlertalent überfordert hätte. Selbst mit der Kunst des Malens und mit der nicht minder anspruchsvollen des Bildhauerns befaßte sich der geniale Klosterbruder, aus dem leicht ein schwäbischer Leonardo da Vinci hätte werden können. Wenn er sich nur hoch genug erhoben hätte über die Bodenständigkeit seiner Herkunft und gründlich genug ausgebrochen wäre aus der Geborgenheit des Schussenrieder Klosterlebens.

Mit einem schweren Seufzer setzte dieser Kaspar Mohr seinen Fuß auf den letzten Treppenabsatz vor der Amtsstube des Klosterherrn und half damit seinem Abt, aus den Wandelgängen der Erinnerungen und Mutmaßungen wieder zurückzukehren in die Gegenwart der nächtlichen Stunde. Matthäus Rohrer drückte die Tür zu seinem Amtszimmer auf und ließ seinem späten Gast den Vortritt. Der schleppte sich zum nächstbesten Stuhl und bat mit einem trockenen Räuspern um ein Glas Wasser. Während der Abt ihm von seinem hellen

Roten in einen Steingutbecher goß, versuchte Kaspar Mohr seinem Vorgesetzten zu verdeutlichen, was es mit seinem tollkühnen, nächtlichen Treiben im Klosterhof auf sich gehabt hatte.

„'s Fliege", so begann er sein kleines naturwissenschaftliches Nachtkolleg, „isch ebbes, was dr Mensch probiert hat, seit 'r auf dr Welt isch. Und scho dr Ikarus und dr Dädalus sind vor mehr wie tausend Johr am Himmel omananderg'floge wie zwoi wilde Däuble. Bloß hand se halt dabei an Fehler g'macht. Se hand die Fed're von de Flügel mit Wachs verbäppt und net wie i mit starke Schnür zammebunda. Bloß deshalb sind am Ikarus d' Flügel wegg'schmolze en dr Sonn ond 's hot den Kerle, wo er mit sei'm Vadder hot hoimfliege wella vo Kreta aus, wie an Stoi ins Meer neig'haue. Aber g'floge sind se, die zwoi mitnander, des isch so wohr wie zwoi mol zwoi vier isch und so wohr wie i . . ." – „Und so wohr und so lang i Abt von Schusseried bin", fuhr Matthäus Rohrer seinem mit der Zunge immerhin schon wieder recht munteren Bruder grob ins Wort, „so lang fliegt mir koiner, wo als Mensch und Gottes auserwählte Kreatur auf d' Welt komme isch, um da Kirchturm rom."

Womit der Schussenrieder Abt in seiner nicht gelinden Erregung immerhin eine Wahrheit ausgesprochen hatte, gegen die der Kaspar Mohr sich an jenem Abend zwar mit der ganzen Kraft seiner himmelsstürmenden Energie sträubte, die vom weiteren Gang der Dinge aber vorerst doch bestätigt wurde. Was aber nicht allein am ehernen Gesetz der Schwerkraft lag, sondern eher am Abt selber. Der nämlich wurde von einem wirklich allmächtigen Zorn gepackt, als der Kaspar Mohr ihm allen Ernstes angekündigte, er werde bei nächster Gelegenheit und sobald sein Flugapparat so einigermaßen wieder in Stand gesetzt sei, einen neuen Flugversuch wagen. Vom dritten Stock des Dormitoriums aus werde er sich frei hinaus in die Lüfte schwingen und nach einem kleinen Ausflug hinüber nach Otterswang wieder retourflattern, um schließlich sicher und sanft im Konventsgarten zu landen.

Wie vom Donnerschlag gerührt saß der Abt nach diesen Erläuterungen des Kaspar Mohr in seinem Sessel. Dann aber, nach einigen Momenten knisternden Schweigens, stand er auf. Und was der Bruder Kaspar nun zu hören bekam, war von einer wahrhaft alttestamentarischen Eindeutigkeit. Ein für allemal verbot der Abt Matthäus Rohrer seinem Bruder Kaspar Mohr, dieses Federng'lump jemals wieder auf den Rücken zu schnallen und damit irgendwelche Experimente anzustellen. Zwar möge er von ihm aus, das immerhin gestand er seinem nun doch recht entgeisterten Gegenüber zu, bis zum letzten seiner hoffentlich gesegneten Tage an seinem Perpetuum Mobile herumbasteln und -tüfteln, was zwar auch ein ausgemachter Blödsinn sei, aber mit dieser gotteslästerlichen Fliegerei sei es von nun an vorbei. Bis in alle Ewigkeit, so schloß er seine Strafpredigt, werde es weder einem Mönch noch irgendeinem anderen menschlichen Wesen möglich sein, über das Schwabenland oder über irgendeine andere Gegend dieser gottgeschaffenen Welt zu fliegen. Und zum Zeichen seiner Einsicht und seines ferneren Gehorsams dürfe sich sein lieber Bruder nun in aller Stille in die Kirche begeben und dort die Nacht bis zur Frühmesse betend zubringen.

Worauf der Kaspar Mohr seinen Becher dermaßen hart auf den Tisch setzte, daß ein Gutteil des Weins auf den Tisch läpperte. Er erhob sich, verneigte sich stumm vor seinem Abt und verließ so eilig, wie seine Blessuren es zuließen, das Zimmer.

Nicht nur aus tiefer Sorge um das Seelenheil seines Mitbruders hatte der Abt dem Kaspar Mohr ein demütiges Nachtgebet verordnet. Kaum hatte der die Tür ins Schloß fallen lassen, da rüttelte der nicht nur kluge, sondern überdies auch bauernschlaue Schussenrieder Klosterherr zwei seiner vertrauenswürdigsten Konventualen aus dem Schlaf und hieß sie, die Stube des Bruders Mohr gründlich zu inspizieren. Alles, was sie dort an Federzeug, an Schnüren, an Lattenwerk oder speziell an solchen Gerätschäften fänden, die aus derlei Dingen gefertigt seien, so ordnete es der Abt an, sollten sie eilends, doch möglichst geräuschlos fortschaffen. Am besten gleich hinüber zum Zellerhof. Und den dortigen Bauern sollten sie anweisen, den ganzen Gruscht noch im Morgengrauen restlos zu verbrennen.

Natürlich war es dem Pater Mohr, als ihm der Abt ein nächtliches Buß- und Sühnegebet befohlen hatte, vollkommen klar gewesen, daß er am anderen Morgen kein Fetzle, kein Span und kein Federle mehr von all der Arbeit finden würde, für die er sich jahrelang geschunden und für die er sein ganzes Wissen, seine ganze Phantasie hingegeben hatte. Und als er in den frühen Morgenstunden dann tatsächlich in einer blitzsauber aufgeräumten Werkstube stand, da spürte der Kaspar Mohr zwar nichts mehr von den Schrammen und Kratzern, die er sich bei seinem nächtlichen Flugversuch geholt hatte, dafür aber umso deutlicher einen ziehenden Schmerz in seiner Brust, der ihm fast den Atem abschnitt.

An einem Sonntag im Frühsommer des Jahres 1625 erfuhren die Bauern von Otterswang von der Kanzel herab eine Neuigkeit, die ihnen gar nicht schmecken wollte. In den vergangenen drei Jahren, so teilte ihnen der hochwürdige Pater Mohr nach einer wieder einmal ganz besonders eindringlichen und tröstlichen Predigt mit, sei es ihm immer schwerer geworden, an allen Sonn- und Feiertagen den Weg von Schussenried nach Otterswang und retour zu machen. Und wenn er dafür in letzter Zeit auch habe ein Gäule nehmen dürfen, so sei es ihn dennoch herb angekommen. Ein lästiges Leiden, das ihn schon seit ungefähr drei Jahren plage, habe ihm gerade in den vergangenen Wochen schwer zu schaffen gemacht. So habe der gnädige Abt ihm nun endlich erlaubt, sich einer hoffentlich nützlichen Heilkur zu unterziehen. Also müßten seine braven Otterswanger in den nächsten Wochen mit einem seiner Schussenrieder Mitbrüder vorlieb nehmen. Aber natürlich werde er seine Otterswanger auch während seiner Abwesenheit in seine Gebete einschließen. Doch dürften sie gern auch für ihn und um die Heilung seiner Gebresten beten, falls ihnen danach zumute sei. Schließlich sei der Ort, von dem er sich Genesung erhoffe, durch und durch evangelisch. Da könne er den heimatlichen Beistand recht gut gebrauchen.

Nur wenige Wochen nach dem Abschied von ihrem Seelsorger sprachen die Otterswanger ganz andere Gebete. Sie baten den Herrgott darum, ihren geistlichen Herrn recht gnädig in sein himmlisches Reich aufzunehmen und ihm dort ein möglichst ehrenhaftes Plätzle anzuweisen. Während seiner Kur in Jebenhausen nämlich starb der Schussenrieder Mönch Dr. Kaspar Mohr am 6. Juli 1625 im nicht gerade ehrwürdigen Alter von 50 Jahren. Beerdigt wurde er jedoch auf der katholischen Seite der Fils, in Rechberghausen, wo die Ortsherren dem alten Glauben treu geblieben waren. Und daran zumindest, daß seine Seele im freien und unbeschwerten Flug aufgestiegen ist zum Himmel, daran dürfte selbst der Abt Matthäus Rohrer, der seinen Mit-

Absender:

Name

Straße

PLZ Ort

Telefon

Landeskunde
Geschichte
Archäologie

THEISS

Antwort/
Postkarte

Bitte
frei-
machen

Konrad Theiss Verlag GmbH
Postfach 10 48 27

70042 Stuttgart

bruder zu Lebzeiten mit allen Mitteln seiner Macht von der Kunst des Fliegens abgehalten hatte, nicht den geringsten Zweifel gehabt haben.

Eine späte Ehrung ist dem großen Tüftler des schwäbischen Oberlands für seine frühen Versuche, sich entgegen aller damaligen Vernunft in die Lüfte zu erheben, von seinen Ordensbrüdern doch noch zuteil geworden. Im Deckenfresko des prachtvollen Bibliothekssaals im Kloster Schussenried ist noch heute ein weißgewandeter Mönch zu entdecken, der sich über einer Weltkugel engelsgleich in die Höhe schwingt. Ein mächtiges Flügelpaar trägt er auf dem Rücken, das er sich mit zwei Lederriemen aufgeschnallt hat. In seiner zur Faust geballten rechten Hand hält er eine dicke Lederschnur, eher verspielt liegt eine zweite zwischen den Fingern seiner Linken. Beide Lederriemen aber sind mittels einer Schlaufe mit seinen Füßen verbunden und wollen dem Beschauer weismachen, daß es mehr als ein Flügelpaar, zwei Riemen und Muskelkraft nicht brauche, damit sich ein Mensch wirklich und wahrhaftig in die Lüfte erheben könne.

Allerdings sollten sich die ach so gescheiten Nachgeborenen gegenüber dem Künstler Franz Georg Hermann aus Kempten, der im Jahr 1757 den fliegenden Chorherrn Kaspar Mohr an die Bibliotheksdecke malte, aller Überheblichkeit enthalten. Schließlich war es Mitte des 18. Jahrhunderts und 135 Jahre nach dem Tod des klösterlichen Ingenieurs und Flugzeugbauers den Menschen immer noch ganz und gar unvorstellbar, daß jemals ein Mensch die Schwerkraft überwinden und das Fliegen lernen würde. So hat sich der Maler notgedrungen mit seiner künstlerischen Phantasie beholfen und dem Kaspar Mohr einen Flugapparat an den Leib gezaubert, dem man auf den ersten Blick mit Fug und Recht jegliche Tauglichkeit absprechen darf.

Dafür ist es dem Künstler immerhin gelungen, das Andenken an den geflügelten Klosterbruder von Schussenried in eine Zeit zu retten, in der unter den Menschen das Fliegen bei weitem selbstverständlicher geworden ist als das Beten. Und so eine Zeit hätte sich selbst der Pater Mohr bei all seinen hochfliegenden Gedanken nicht träumen lassen.

# Eine Jungfrau im Türkenkrieg

*Wie die Anna Maria Christmann als württembergischer Grenadier das Abendland retten half und dann in Stuttgart Briefträgerin wurde*

Bis auf die hinterste Kirchenbank besetzt war am 1. Mai des Jahres 1695 das Dorfkirchle von Gingen an der Fils. Das war zwar schön, doch keineswegs ein Wunder, schließlich war der Kirchgang damals strengste Christenpflicht. Und wer ihr nicht gehorchte, der mußte nicht allein um seinen Seelenfrieden, sondern mindestens so sehr um sein irdisches Renommee fürchten. Trotzdem hätten es die Gingener nie und nimmer ohne Beistand von auswärts geschafft, daß man, wie an diesem Tag, so bhäb wie Filzläus' aufeinanderhocken mußte im kühlen Bauch des Kirchenschiffs. Da waren zweifellos auch ein paar Geislinger und Süßener in aller Herrgottsfrühe schon filsab oder filsauf spaziert, um der Taufe beizuwohnen, die es an diesem Maientag im Gingener Gotteshaus zu feiern galt. Von Herzen durfte sich jedenfalls der Magister Henseler über seine stattliche Sonntagsgemeinde freuen. Vielleicht war er sogar ein wenig aufgeregt, als er die Tür der Sakristei hinter sich zuzog, würdig zum Altar schritt und im stillen Gebet seinen Herrgott um besonders innigen Beistand bat an diesem wunderbaren Tag, an dem sich durch die Kraft des Taufsakraments ein heidnischer Muselmann in einen evangelischen Christen verwandeln sollte.

Während der Magister Henseler nun mit gesenktem

Kopf in seiner Andacht verharrte, begann das Kirchenvolk wenig feierlich, doch umso wunderfitziger die Köpfe zu recken. Alle wollten jenen eigenartigen Menschen betrachten und studieren, der schüchtern wie ein armer Sünder neben einem prachtvoll herausgeputzten kaiserlichen Hofjunker saß und fast ein wenig bebte vor lauter Ergriffenheit. Vor allem jene Kirchgänger, die von auswärts gekommen waren, hätten gar zu gern Näheres gewußt über diesen Menschen, von dem man sich so manch Wundersames erzählte zwischen Kirchheim, Heidenheim und Gmünd.

Gott sei Dank wußten wenigstens die Gingener so dies und das über das Herkommen dieses Täuflings. Und bereitwillig gaben sie ihr Wissen weiter an ihre weniger kundigen Mitchristen. Ein Crailsheimer Oberstleutnant, so flüsterten und wisperten sie's ihren gebannt lauschenden Banknachbarn zu, habe diesen eigentümlichen Menschen vor ein paar Jahren mitgebracht aus einem fernen Land, wo wild und gnadenlos die Türken hausten. Trotzdem sei dieses Menschenwesen eigentlich kein waschechter Türke, denn es stamme aus dem Ungarischen. Dorther, wo die Türken unerbittlich über die Menschen und deren Glauben herrschten und die vereinigte Christenheit seit Jahren versuche, das Volk der Heiden mit aller Gewalt zurückzutreiben hinter die Donau, damit nicht eines rabenschwarzen Tages das ganze Abendland noch in die Hände dieser Ungläubigen falle und am Ende gar in Geislingen oder vielleicht auch in Süßen ein Harem aufgemacht werde, in dem dann alle einigermaßen ansehnlichen Geislinger oder Süßener Mädle einem Wüstling von Sultan zu Diensten sein müßten mit ihren bekanntlich nicht geringen Reizen.

„O, du lieb's Herrgöttle von Biberach. Älles bloß des

net!" entfuhr es da einer zu Tode erschrockenen Geislingerin, die damit nicht nur bewies, daß sie von recht ängstlicher Natur war, sondern auch, daß die drei ausnehmend hübschen Lockenköpfle, die sich neben ihr übers Gesangbuch beugten, ihrem Hausstand zuzurechnen waren. Von dem einen da vorn in der ersten Bank allerdings, so wurde weitergeraunt, sei dermaßen Grausliches nicht zu befürchten. Dieser Heide sei immerhin von dem Herrn Oberstleutnant in der Nähe einer Stadt namens Temeschwar aus der türkischen Sklaverei befreit und mit ins Schwabenland genommen worden, damit er hier ebbes Rechtes lerne und vor allem ein braver Christenmensch werde.

So ging das Gewisper hin und her, und wenn der Magister Henseler nicht einmal kurz aufgeblickt hätte, um mit einem strengen Augenaufschlag Ruhe zu gebieten im Gotteshaus, dann wäre wohl noch vor dem ersten Lied das letzte Geheimnis um diesen Muselmann gelüftet worden. Nun aber trat der Herr Lehrer mit seltener Treffsicherheit die Orgel, und der Taufgottesdienst nahm seinen Lauf. Und keinen Schurzbändel hörte man knistern, als der fremde Heide ans Taufbecken trat und ihm der Herr Magister gleich zwei Namen gab zu seiner christlichen Grundausstattung.

Thomas war der Vorname, den er ihm schenkte. Und der war klug ausgewählt, denn auch der heilige Thomas hatte sich bekanntermaßen zunächst recht schwer damit getan, an die Auferstehung Christi zu glauben, war dann aber vom Herrn Jesus höchst persönlich und sehr anschaulich eines Besseren belehrt worden. Doch nicht nur einen Vornamen bekam der Heidenmensch an diesem Tag mit auf seinen ferneren Lebensweg, auch einen trefflichen Nachnamen hatte der Magister Henseler für ihn parat. Ein Thomas Christmann, so hatte sich's der findige Gottesmann ausgerechnet, würde wohl kaum in einem schwachen Stündle wieder seinem alten Heidenglauben verfallen. So also wurde an jenem strahlend hellen Frühlingsmorgen in Gingen an der Fils aus einem Heiden ein Christenmensch. Und glücklicherweise ging es dabei vollkommen friedlich zu.

In Dürnau ließ sich dieser Thomas Christmann nach seiner Taufe nieder und gab sich dort redlich Mühe, sich als Christ zu bewähren und sich möglichst unauffällig in die Gemeinschaft der Schwaben einzufügen. Was schon damals keine einfache Aufgabe war, doch der Tapfere tat, was in seinen Kräften stand. Bald nahm er sich eine Dürnauerin zur Frau, und damit hatte er's schon ein schönes Stück weit gebracht auf seinem schwierigen Weg. Der Lohn dafür ließ nicht lange auf sich warten. Am 7. Februar des Jahres 1697 wurden ihm und seiner Frau ein Töchterle beschert. Den Namen Anna suchte die Mutter und den Namen Maria suchte der Vater für die kleine Christmännin aus, und so durften beide getrost sein, daß sie damit ihrem Mädle und auch dem Herrgott einen schönen Gefallen erwiesen.

Viel mehr als einen schönen Namen konnten die braven Eltern ihrem Kind auch nicht mitgeben auf den Lebensweg. Bald schon nämlich mußten sie es mutter- und vaterseelenallein zurücklassen auf der rauhen Welt. So lernte das Waisenkind bald, daß das Dasein selbst unter Christenmenschen alles andere ist als ein Paradies. Und um nicht gleich wegen Auszehrung den Eltern nachfolgen zu müssen in die ewige Seligkeit, nahm die Anna Maria den Bettelsack und versuchte so, sich und ihr junges Leben zu erhalten. Besonders gut gelungen ist ihr das allerdings nicht. Und weil sie zwar bettelarm war, aber auch recht gescheit, faßte sie bald einen folgenschweren Entschluß.

Die Anna Maria hatte recht schnell gemerkt, daß das Leben für ein Bettelmädle noch um einiges schwerer war als für ein Bettelbüble. Allzuoft war es ihr nämlich passiert, daß sich ein Almosenspender mit dem späteren Gotteslohn allein nicht zufrieden geben wollte, sondern darüber hinaus auch noch gleich auf Erden eine Gegenleistung forderte, die alles andere als aller Ehren wert war. So entschloß sich die junge Frau, die Zöpfe abzuschneiden, Rock und Blüsle als die äußeren Attribute ihrer Weiblichkeit ein für allemal abzulegen und fortan im Männerhäs ihrer Wege zu wandeln. Bald schon stellte sich ein erster Erfolg dieser Verwandlung ein. Ein Müller nahm die Anna Maria, die sich inzwischen des Vornamens ihres Vaters bediente, als Knecht in seinen Dienst.

Nun wäre das Schleppen schwerer Mehlsäcke für einen kräftig gebauten Kerle von 17 Jahren vielleicht gerade die richtige Arbeit gewesen, um sich für die nicht minder groben Lasten eines Männerlebens zu stählen. Für eine junge Frau aber, auch wenn sie nicht gerade schwächlich gebaut und überdies von zäher Natur war, taugte so ein schweres Geschäft schlecht. Und schwerer noch als die Mehlsäcke auf ihren Schultern lastete auf der Seele der Anna Maria bald die Sorge, wie es weitergehen würde mit ihr und ihrem anstrengenden Doppelleben.

In der Weite der großen Weltpolitik sollte sich bald ein Weg auftun, auf dem das arme Schwabenmädle ihrer notvollen Existenz entfliehen und sich in Männerhosen aufmachen konnte zu einer neuen, noch abenteuerlicheren Freiheit. Um dem Kaiser zu geben, was dem Kaiser gebührt, stellte der württembergische Herzog Eberhard Ludwig gegen Ende des Jahres 1715 ein Regiment zusammen. Drunten im fernen Ungarland nämlich machten sich die Türken seit einiger Zeit schon wieder ziemlich mausig, und so hielt es der Kaiser in Wien für angezeigt, die muselmanischen Eroberungsgelüste auf ein neues in die Schranken zu weisen. Doch brauchte es dazu natürlich nicht nur einen entschlossenen Willen, sondern auch ein paar tausend Soldaten, die willig und tapfer genug waren, den Kampfwillen der hohen Politik auf dem Schlachtfeld in die Tat umzusetzen.

2300 Mann hatte der württembergische Herzog seinem Kaiser versprochen, und die mußte er nun auch zusammenbringen. Also schickte er seine Werbeoffiziere hinaus ins schwäbische Land, und die versprachen dem männlichen Nachwuchs das Blaue vom Himmel herunter, um ihm den Dienst in Uniform so schmackhaft wie möglich zu machen. So einem Trüpplein Bauernfänger muß in den ersten Tagen des Jahres 1716 auch der Müllersknecht Thomas alias Anna Maria begegnet sein, der nur darauf wartete, sich ein für allemal den Mehlstaub aus den Kleidern klopfen zu können.

Ein paar Tage später schon war die Jungfer Thomas in Stuttgart und wurde dort von Kopf bis Fuß neu eingekleidet. Sie bekam einen schmucken weißen Uniformrock mit rotem Aufschlag, ein rotes Kamisol oder Leibjäckle, dazu einen eleganten Hut mit weißen Borten, weiße Kniestrümpfe und nagelneue Schuhe. Und wer diese Anna Maria nun sah in ihren neuen Männerkleidern, der wäre nicht im Traum auf die Idee gekommen, daß unter dem schweren Uniformtuch etwas anderes stecken könnte als ein strammer schwäbischer Bursche, der nur darauf brannte, seine jugendliche Manneskraft im wackeren Zweikampf mit den Feinden des Abendlands zu erproben. Und wenn sich die neuen Kameraden anfangs vielleicht auch ein wenig lustig machten über die sonderbar helle Stimme ihres künftigen

Kampfgenossen, ihn auch kräftig neckten, weil sich nicht die Spur eines Bartwuchses entdecken ließ auf seinen rosigen Wangen, so gewöhnten sie sich doch schnell an diese äußerliche Zartheit. Zumal dieser Thomas beim Zechen, Spielen und Bramarbasieren in punkto Grobheit nichts zu wünschen übrigließ.

In den ersten Maitagen nun verließ das schmucke Regiment, das den ansprechenden Namen „Alt-Württemberg" bekommen hatte, die Stadt Stuttgart und marschierte nach Göppingen, wo es am 16. Mai vom kaiserlichen Oberkriegskommissär von Langscheidt in Augenschein genommen und als sehr brauchbar erachtet wurde. Die nächste Station auf der langen Reise an den Ort der Bewährung war Ulm, wo die komplette Truppe am 20. Mai, morgens um elf Uhr, mit Sack und Pack auf 23 Schiffe und 26 Flöße verladen wurde, um donauabwärts in Richtung Wien zu gleiten.

Neun Tage dauerte die Flußfahrt. Am Vormittag des zehnten Tages spürten die Türkenkrieger in spe dann endlich wieder festen Boden unter den Füßen. Für den Besuch der berühmten Wiener Beisel oder anderer beliebter Belustigungsstätten war allerdings kaum Zeit, denn stocknüchtern mußten die Württemberger am 29. Mai vor ihrem Kaiser und auch vor ihrem künftigen Feldherrn, dem Prinzen von Savoyen – heutzutage besser bekannt als Prinz Eugen, der edle Ritter – paradieren.

Wobei sich mancher der kräftigen Schwaben gehörig gewundert haben dürfte über die Erscheinung des berühmten Kriegshelden Eugen, der als ein ziemlich winziges und verkniffenes Männle auf seinem schmucken Schlachtroß saß. Aber da war immerhin noch dieser andere Prinz, dem man schon von weitem sein Draufgängertum ansah, und der außerdem auch noch den Vorteil hatte, ein gebürtiger Stuttgarter zu sein. Karl Alexander hieß dieser eindrucksvolle Kavalier, und als ein Vetter des württembergischen Landesherrn durfte er natürlich mindestens so viel Vertrauen beanspruchen wie jener schmächtige, schon ein wenig altersschwach wirkende Oberkommandeur des kaiserlichen Heers.

Jedenfalls hatten die Württemberger Soldaten nach diesem Tag Stoff genug für Tratsch und Klatsch. Das war auch gut so, denn es sollte noch bis zum 2. August dauern, bis sie die Festung Peterwardein erreichten und endlich auch ein paar von diesen Türken leibhaftig erblickten, von denen man ihnen zur Stärkung der Kampfkraft die wildesten Menschenfressergeschichten erzählt hatte. Wenig Zeit allerdings blieb den Schwabenkriegern, um sich den Kopf zu zerbrechen, wieviel an solchen Schauergeschichten dran sein mochte.

Am 5. August, morgens um sieben, ging es bereits los mit der Schlacht, und nach fünf Stunden war die Sache entschieden. 6000 tote Türken lagen auf dem Schlachtfeld, und darunter war auch der Großwesir Damad Ali-Pascha, ein nicht nur berühmter, sondern auch berüchtigter Heerführer der türkischen Armee. Nicht nur über dessen Niederlage durfte sich nun der Prinz Eugen freuen, sondern auch über das Luxuszelt des Großwesirs, das als Beute in seine Hände fiel. Es war von einer so gewaltigen Größe, daß es 500 Mann brauchte, um diesen Stoffpalast aufzuschlagen.

Ganz ungeschoren waren auch die Württemberger bei der Schlacht um die Festung Peterwardein nicht davongekommen. 59 Soldaten vom Regiment „Alt-Wirttemberg" waren von den Pfeilspitzen und Säbelhieben der Türken tödlich getroffen worden. Und auch der Grenadier – oder die Grenadesse – Christmann hatte bei der ersten Bekanntschaft mit dem Ernst des Soldatenlebens eine unschöne Blessur erlitten. Doch glücklicherweise war die Verletzung nicht gar zu schwer. Der tapfere Thomas konnte seine Wunde selbst versorgen und mußte es nicht riskieren, im Feldlazarett verarztet und dabei als Anna Maria entlarvt zu werden.

Fünf Tage nach dem ruhmvollen Sieg zog das Regiment weiter nach Zenta an der Theiss. Von dort aus ging's dann bald in die Schlacht um Temesvar, die für die Türken mit einer so verheerenden Niederlage endete, daß die Verlierer es lange nicht wagten, die Nachricht von ihrer Schande nach Konstantinopel zu melden. Mit der Zeit aber fand die Wahrheit doch den Weg hinunter an den Bosporus. Und als die türkische Regierung die Blamage in ihrer ganzen Tragweite erkannt hatte, da kam ihr die Lust auf weitere Auseinandersetzungen mit diesen Haudegen von Christenmenschen gründlich abhanden, und sie bat den Kaiser von Österreich um einen Waffenstillstand.

Einen ganz anderen Reim auf die kriegerischen Ereignisse im Sommer und im Herbst machten sich der Kaiser in Wien und sein allerwertester Feldherr Prinz Eugen. Sie sahen jetzt die vielversprechende Chance, den Expansionsträumen der Türken ein für allemal ein Ende zu machen und auch die Festung Belgrad zu erobern. Und so kam's nach gründlicher Vorbereitung und nach mancherlei Vorgeplänkeln am frühen Morgen des 16. August 1717 zur gewaltigen Schlacht zwischen der 30000 Mann starken kaiserlichen und der 200000 Krieger zählenden türkischen Streitmacht, die der geniale Prinz Eugen dank seiner gewieften Kampftaktik in wenigen Stunden für sich entschied, so daß seine Soldaten so gegen neun Uhr am Morgen schon ihr historisches Tagwerk vollbracht hatten.

Recht furchtlos und vielleicht sogar ein wenig zu

draufgängerisch hatte sich das einzige Flintenweib unter dieser Masse männlicher Krieger aus deutschen und türkischen Landen wieder gezeigt. Doch hatte sich unsere tapfere Anna Maria Christmann dieses Mal nicht nur eine Wunde geholt, sie hatte im Kampfgetümmel einem türkischen Offizier auch einen wertvollen Säbel abgenommen, und der Besitz dieses Schmuckstücks tröstete sie doch einigermaßen über die körperlichen Schmerzen hinweg. Zudem ging's nun ins Winterquartier, wo sie ihre Verletzung gründlich auskurieren und sich überhaupt ein wenig entspannen konnte von den Abenteuern des Kriegswesens.

Das hatte sie nun auch gründlich nötig, denn eigentlich hatte sie bei all den Anstrengungen und dem Gefechtsstreß im Vergleich zu ihren männlichen Mitstreitern eine noch viel nervenaufreibendere Zeit hinter sich. Während jene nämlich nur darauf hatten aufpassen müssen, daß sie keinen Türkensäbel auf ihr Haupt und keinen Türkenpfeil zwischen die Rippen bekamen, hatte die Anna Maria außerdem noch darauf achten müssen, daß ihre Garderobe im Kampfgetümmel nicht allzu sehr in Unordnung geriet. Denn wer weiß, was es bei den Türken für einen Eindruck gemacht hätte, wenn sie entdeckt hätten, daß ihre christlichen Gegner neuerdings nicht nur auf die männliche Kampfkraft, sondern auch noch auf die Geheimwaffen einer Frau vertrauten. Eine unberechenbare Verwirrung wäre zweifellos das Ergebnis dieser Enthüllung gewesen. Und vielleicht hätten die Türken bei der Vorstellung, unter den Monturen der Christenkrieger steckten noch mehr schwache Weiber, einen ungeheuren Courage-Schub verspürt und am Ende die ganze Angelegenheit doch noch für sich entschieden. Nicht auszudenken wäre das gewesen. So darf man dieser wackeren Kriegerin von der Alb wohl zugestehen, daß sie den Sieg der Christen über die Muselmanen einerseits zwar sehr gefährdet, andererseits aber doch auch entscheidend befördert hat durch ihr stets untadeliges Äußeres.

Absolut vorbildlich führte sich diese ungewöhnliche Frau in Männerkleidern auch im Winterquartier auf. Was man von einem Offizier im Regiment „Alt-Wirttemberg“ nicht gerade sagen kann. Der nämlich versuchte seine gehobene Stellung schändlich zum Zweck der persönlichen Bereicherung zu mißbrauchen. Und als Opfer dazu hatte er ausgerechnet die Anna Maria Christmann ausersehen. Wieder und wieder nämlich bestürmte diese zweifelhafte Führungskraft seine Untergebene, die er natürlich wie alle anderen im Lager für eine etwas schwächliche Mannsperson hielt, ihm den wertvollen Türkensäbel zu verkaufen. Wahrscheinlich war das Offizierle bloß zu feig gewesen, sich selbst so ein Schmuckstück zu verschaffen. Und um sich daheim nicht zu blamieren, wollte der feine Herr sich nun auf möglichst bequeme Weise eine Kriegstrophäe verschaffen. Seine Taktik, so schändlich sie auch war, ging auf. Der Anna Maria wurden die Belästigungen mit der Zeit zu dumm, sie ließ sich das Prachtstück türkischer Waffentechnik um schlappe 100 Gulden abfuggern. Doch als sie nach einer geraumen Zeit so frei war, das Kaufgeld einzufordern, da lohnte dieses Miststück von Vorgesetztem ihr den gerechten Anspruch nicht mit 100 Gulden, sondern mit 100 Stockschlägen.

Auch das duldsamste Mannsbild hätte nach einer dermaßen schäbigen Behandlung die Nase gestrichen voll gehabt von den Gepflogenheiten der höheren Militärs. Kurz entschlossen rang sich die Anna Maria also dazu durch, auf französisch Abschied vom württembergischen Kriegswesen zu nehmen. Sie machte sich eines nachts einfach auf und davon. Doch keine zwei Tage war sie unterwegs, da wurde sie von einem Spähtrüpple ihrer einstigen Kameraden aufgestöbert, ins Lager zurückverfrachtet und dort von einem wenig verständigen Kriegsgericht wegen Fahnenflucht zum Tod verurteilt.

So sehr allerdings hatte sich die Anna Maria Christmann nun auch wieder nicht in ihre Männerrolle verliebt, daß sie ihr bis in den jähen Tod treu bleiben mochte. Also ließ sie dem Lagerkommandanten durch einen ihrer Wächter melden, sie habe vor ihrer Füsilierung noch etwas Wichtiges mitzuteilen. Und als der Truppenchef nach einem Viertelstündle kam, da offenbarte sie dem Herrn kurzentschlossen ihr wahres Geschlecht. Wobei allerdings anzunehmen ist, daß sie es dabei zunächst einmal mit Worten versuchte und der Vorgesetzte es dann einer weiblichen Vetrauensperson überließ, den Wahrheitsgehalt dieser Behauptung bis in alle Einzelheiten zu prüfen. Wie ein Lauffeuer verbreitete sich natürlich diese Nachricht durch sämtliche Kompagnien, und anstatt leblos in eine Grube zu plumpsen, war die Anna Maria Christmannn plötzlich der absolute Star der Truppe. Behalten allerdings konnte man sie beim Militär nach dieser Offenbarung schlecht. So wurde sie in allen Ehren entlassen und heimgeschickt ins Württemberger Ländle.

Auch ihrem höchsten aller weltlichen Herrn, dem Herzog Eberhard Ludwig, wurde die unerhörte Geschichte von einem leibhaftigen Weib im Soldatenrock natürlich gemeldet. Und da auch er vom Soldatenhandwerk und vom Soldatenleben eine ganze Menge verstand, schließlich hatte auch er an der Seite des Prinzen Eugen als ein Haudegen der Sonderklasse gekämpft, ließ der Eberhard Ludwig der außergewöhnlichen jungen Frau eine Ehrenurkunde ausstellen. Darin wurden ihre Verdienste bei der Verteidigung des Abendlands in angemessenen Worten gerühmt, und es wurde der inzwischen 21jährigen Untertanin außerdem auch noch die Gnade zuteil, sich an jedem beliebigen Ort des Herzogtums niederzulassen. Obendrein gab's noch eine lebenslange Pension in Hartgeld und in Naturalien, worüber sich das Fräulein Christmann mindestens so freute wie über die warmen und würdigen Worte der allerhöchsten Anerkennung.

Sich nun auf die faule Haut zu legen und die fürstliche Gratifikation in aller Gemütlichkeit zu genießen, war allerdings ganz und gar nicht nach dem Geschmack der jungen Frau. Noch weniger aber war es nach ihrem Gusto, sich mit ihrer männlich erprobten Tapferkeit in die Arme irgendeines Mannes zu werfen und sich den Rest des Lebens von einem Ehestandsfeldwebel herumkommandieren zu lassen. So suchte sie sich in Stuttgart ein Geschäft und fand bald auch ihre Lebensaufgabe als Briefträgerin. Als Angestellte einer privaten Postagentur trug sie nun Briefe, Päckle und manchmal auch Postanweisungen durch die Gassen der Landeshauptstadt.

Da aber zu jener Zeit das postalische Geschäft in Stuttgart noch ziemlich überschaubar war, hatte die erste Briefträgerin des Landes zwischen ihren Botengängen reichlich Muße, sich in den gemütlichen Stuttgarter Altstadtbeizle hin und wieder ein Glas Most oder ein Viertele zu gönnen. Und wo immer sie saß und süffelte, da scharte sich bald eine beträchtliche Anzahl Neugieriger um sie, die sich ausführlich von den wunderbaren Abenteuern erzählen ließen, die Anna Maria als Jungfer und Soldat im großen Krieg gegen die Muselmanen erlebt hatte. So blieb die Anna Maria Christmann durchs fleißige Briefeaustragen körperlich munter und durchs viele Erzählen geistig fit, bis sie am 4. März 1761 mit 64 Jahren so ruhig und friedlich starb, wie sie es sich damals, auf den Schlachtfeldern des Türkenkriegs, nie und nimmer hätte träumen lassen.

# Fröhlicher Fleischberg

*Der Schieferdecker, Stammtisch-Philosoph und Saufaus Leopold Baur*

So leicht wie ein herzhaftes „Grüß Gott" geht den Schwaben jener Gruß über die Lippen, den man genau deshalb in aller Welt den schwäbischen nennt. Ob als Ausdruck eines innigen Erstaunens oder als grobe Beleidigung, das Leben bietet Gelegenheiten genug, die Wirkung dieser einzigartigen Grußformel immer wieder zu erproben. Und obwohl manche zartbesaiteten Gemüter die Einladung, den rückwärtigen Körperteil eines Mitmenschen mit der Zungenspitze zu erkunden, mit einer Beleidigung verwechseln, wird sie im Schwäbischen selbst vor Gerichten nur selten als strafwürdig erachtet. Dennoch gibt es selbst in einem Schwabenleben hin und wieder Momente, die es angezeigt erscheinen lassen, sich einer feineren Ausdrucksweise zu bedienen. Und da muß der berühmte Kraftausdruck, der bekanntlich den jüngeren Goethe schon auf das Höchste entzückte, dann eben für geeignetere Gelegenheiten in der reich gefüllten Vorratskammer der schwäbischen Maulfertigkeit steckenbleiben.

Gleichwohl sieht sich die Schwabenseele auch in feineren Umgebungen zuweilen genötigt, sich herzhaft Luft zu verschaffen. Wenn sie von einer reing'schmeckten Spitzzüngigkeit in ihrem Innersten schwer verletzt wird zum Beispiel, oder auch dann, wenn das feingewobene schwäbische Seelengeflecht durch eine Taktlosigkeit einheimischer Machart allzu heftig strapaziert wird. Glücklicherweise liegt in der Schublade der schwäbischen Redensarten auch für derlei notvolle Lebenslagen das rechte Werkzeug bereit. Er möge ihm bei nächster Gelegenheit doch im „Adler" begegnen, fordert ein Schwabe den anderen in aller Freundlichkeit auf, wenn es die gesellschaftliche Konvention ihm nahelegt, auf den schwäbischen Gruß in seiner ungeschminkten Deutlichkeit zu verzichten. Die Wirkung immerhin ist nicht minder durchschlagend. Und sie kann einigermaßen angemessen nur mit einer Aufforderung aufgewogen werden: „Du mi au!"

So reich ein Dialekt wie der schwäbische an kraftvoll bildhaften Ausdrücken auch ist, so selten kommt es vor, daß sich so ein Bolzengeschoß der Sprache bis an jenen Ort zurückverfolgen läßt, wo es zum ersten Mal verschossen wurde. Bei dieser gastronomisch getarnten Variation vom schwäbischen Gruß aber ist es tatsächlich möglich. Mitten in Stuttgart, am Rand des Marktplatzes, nicht weit vom damals renaissance-giebeligen Rathaus und etwa dort, wo heute ein Herrenkonfektionär um die modebewußte Stuttgarter Männlichkeit wirbt, stand einst das Gasthaus „Zum Adler". Und in diesem „Adler" traf sich im letzten Viertel des 18. Jahrhunderts Abend für Abend eine illustre Runde zechfreudiger Mannsbilder, um sich in weingeistseliger, aber auch geistreicher Runde die Abende mit anregenden Gesprächen und mancherlei anderen Genüssen zu würzen.

Mittelpunkt und Seele dieses feuchtfröhlichen Stammtisches war der poetische Poltergeist, Journalist, Musiker und Rebell Christian Friedrich Daniel Schubart, der im Jahr 1787 seiner zehnjährigen Willkürhaft auf dem Hohenasperg ledig geworden war und als Theaterdirektor von seines fürstlichen Widersachers Gnaden nun in einigermaßen kommodem Wohlstand lebte. Zu diesem „Adler"-Stammtisch gehörte der Professor Balthasar Haug, der in jüngeren Jahren in Ludwigsburg als Hauslehrer am Hof Herzog Carl Eugens gewesen war und sich sein Brot später als Herausgeber erbaulich-biederer Zeitschriften verdiente. Das direkte Gegenstück zum biederen Haug war in punkto geistiger Beweglichkeit und aufmüpfiger Frische der Dichter Gotthold Friedrich Stäudlin, der später wegen revolutionärer Umtriebe seines Heimatländles verwiesen wurde und sich im September 1796 im Alter von 38 Jahren aus materieller Not in der Nähe von Ottenheim im Rhein ertränkte. Mit ihnen becherte und vesperte der reimfreudige Kanzleibeamte Johann Friedrich Schlotterbeck, der nach Schubarts Tod einige Jahre an der Spitze des Stuttgarter Theaters seines Amtes waltete. Am breitesten von allen aber saß am „Adler"-Stammtisch der Dachdeckermeister Leopold Baur, ein begnadeter Zecher, ein Schandmaul sondergleichen, ein dreieinhalb Zentner schwerer Fleischberg der Fröhlichkeit und tief im Innersten, unter dem weingenährten Schmer seiner Genußsucht, doch eine Seele von einem Menschen.

Neben mancherlei anderen Grobheiten war es für diesen Leopold Baur eine reine Herzensfreude, die „Adler"-Gäste mit einem Schwall von Kraftausdrücken und anderen Schimpflichkeiten zu übergießen. Und stand auch die zungenlupfende Zweisilbigkeit des Schimpfnamens „Lalle" bei ihm besonders hoch in der Gunst, so war ihm der schwäbische Gruß doch als Auftakt und als Schlußposaune seiner „Adler"-Besuche ganz selbstverständlich. Doch verstand es dieser maulfertige Grobian auch, den Leib- und Magenspruch des Götz von Berlichingen in die derben Gespinste seiner poetischen Leidenschaften zu hüllen und dessen unverblümte Grobschlächtigkeit zur Pointe zu veredeln.

So geschah es einmal, daß der Stuttgarter Arzt Dr. Mollwitz sich am frühen Nachmittag schon in den „Adler" wagte, um sich zwischen seinen Patientenbesuchen an einem Rostbraten und einem Schoppen Wein zu laben. Natürlich saß da – noch vom Mittagessen her – der Schieferdecker Baur bei seinen Flaschen und war bereits hinreichend inspiriert, um das überraschende Erscheinen des recht magersüchtigen Mediziners mit einem spontan gereimten Sechszeiler zu kommentieren:

*„Der Mollwitz, dieses dürre Thier,*
*Der sauft und frißt heut' wie ein Stier,*
*Und seine Patienten,*
*Wer wird wohl die verbinden?*
*Dran denkt der Bruder Mollwitz nicht,*
*Sauft fort, bis ihm das A . . . loch bricht."*

Nun blieben dem so kunstvoll bedichteten Dr. Mollwitz ob solcher Ehrerbietung keineswegs die Zwiebelringe seines Rostbratens im Hals stecken. Er nahm seinerseits seine ganze dichterische Begabung zusammen und gab dem Baur entsprechend 'raus:

*„Mein guter Schieferdecker,*
*Sei er so gut und leck er*
*Mein hinteres Gesicht,*
*Das seinem vordern ganz entspricht!"*

Mit einem donnernden Lachen dankte der Schieferdekker Baur seinem Tischgenossen diese Replik. Solche poetischen Grobheiten waren nämlich durchaus nach dem Geschmack des sinnenfreudigen Hand- und Mundwerkers. Und je derber, desto lieber war's ihm. Seiner besonders ausgeprägten Vorliebe für die rundliche Anmut der rückwärtigen Region des menschlichen Körpers aber ist es wirklich und wahrhaftig zu verdanken, daß die Schwaben seit nunmehr immerhin rund 200 Jahren die schöne Möglichkeit haben, die Schmähkraft des schwäbischen Grußes auch in harmloserer Form zu nützen. Wer seinen Mitmenschen einlädt, ihm im „Adler" zu begegnen, der meint damit nichts anderes, als ihn hinterrücks zu beehren. Einander nicht nur im anrüchig übertragenden Sinn, sondern auch leibhaftig im „Adler" zu begegnen, das allerdings ist seit einer Bombennacht des Jahres 1944 nicht mehr möglich. Da stürzte die traditionsreiche Stuttgarter Wirtschaft, in dessen gastlichen Mauern im Jahr 1797 auf seiner Rückreise von Italien gar der Geheimrat Goethe logierte, bis auf die Grundmauern in sich zusammen.

Bei weitem gemütlicher war da natürlich jene Zeit, als der Schubart und der Baur als wahre Könige der geistreichen Kneipenseligkeit im „Adler" residierten und sich dort unentwegt ihre poetischen Zweikämpfe lieferten. Und wie so manche andere Dichtwerke von weit bedeutenderem Charakter, waren auch diese gereimten Sottisen von der Kraft des Weingeists befruchtet und gesegnet. Getrunken, ja durchaus auch gesoffen nämlich haben diese beiden Zechkumpanen mit einer an Unersättlichkeit grenzenden Wonne. So schwelgte der Schubart mit Freuden nicht nur in Unmengen des Uhlbacher oder Rosswager Rieslings, sondern noch lieber in edlen Gewächsen aus Burgund und aus Ungarn.

Der Schieferdecker Baur war in seinen Trinkgewohnheiten nicht minder schleckig. Schon das üppige Frühstück begleitete, so wenigstens ist's überliefert, ein herzhafter Trunk, der nicht aus den zahlreichen Heilquellen des Landes gesprudelt war. So gegen zehn dann stillte er den zweiten Durst mit einigen Schoppen des vornehmeren Neckarweins, deren Wirkung er dann bei einem Spaziergang durch die Stadt wieder ein wenig versurren ließ. Zum Mittagessen leerte er mit Appetit ein paar Flaschen Rhein- oder Moselwein, und wenn er am frühen Abend von seinem Nachmittagstrunk in einem anderen Stuttgarter Wirtschäftle wieder zurückkehrte in seinen geliebten „Adler", da hielt er sich umso wackerer an den Stoff, der ihm das einzige Lebenselexier war. Doch hat dem Unverwüstlichen dieses wahrhaft nicht geringe Tagesquantum an flüssigen Köstlichkeiten keineswegs genügt. Deshalb gönnte er sich als Schlaftrunk mit Vorliebe noch einige Fläschchen Champagner.

Nun mag eine dermaßen weinselige Lebensführung ein Menschengemüt vielleicht in ununterbrochen heiterer Laune halten, für den Leib ist solche Genußfreude eher beschwerlich. Und so war es für die Zeitgenossen der berühmtesten Stuttgarter Zecher kein Wunder, daß sowohl der Schubart wie der Baur nicht nur geistig, sondern auch körperlich von ausnehmend eindrucksvollem Gewicht waren. Was immerhin der Schubart nicht immer leichten Sinnes trug. „Es geht dem Grabe zu, Bäuche sind Magazine des Todes", philosophierte er einmal in trübseliger Betrachtung seines mächtigen Leibesumfangs. Eher mit weiser Gelassenheit trug dagegen der Baur seine Leibeslast. Und es grämte ihn auch wenig, wenn ihn seine Tischgenossen mit der hinterhältigen Frage zu reizen versuchten, an welchem Tag er wohl zum letzten Mal seine Kniescheiben mit eigenen

Augen gesehen habe. Dieser Genießer trug den Preis seiner Schlemmerei gelassen, wenn auch deshalb um kein Gramm leichter.

An einem stimmungsvollen Abend setzte er am Stammtisch gar einen Preis von mehreren Flaschen Champagner aus für denjenigen, der im Stande sei, die Stattlichkeit seiner ausladenden Körperwölbung am trefflichsten zu charakterisieren. Natürlich verdiente sich der Schubart diesen Ehrenpreis, denn er verstand es, Inhalt und äußere Gestalt der leopoldinischen Wampe auf das Knappste in Worte zu fassen: „Er ist die Weinsteig". Wobei der Schubart natürlich nicht die von Stuttgart aus sanft sich nach Degerloch emporschwingende Neue Weinsteige meinte, sondern die gottserbärmlich steile Alte Weinsteige. Jenen Ausweg aus Stuttgarts Talgründen also, auf dem sich zu Schubarts und Baurs Zeiten schwer schnaufende Karrengäule schier die Pferdeseele aus dem Leib schwitzten und keuchten, heutzutage aber die Stuttgarter Zahnradbahn fast mühelos bergauf surrt.

So ruppig und manchmal auch saugrob sich dieser Handwerksmann Baur in den rauch- und weindunstgeschwängerten Gelassen der Stuttgarter Gastlichkeit auch gab, tief unter seiner Leibesfülle steckte doch ein zartfühlendes Herz. Und wenn in weinseliger Runde das „Kaplied" seines Freunds und Zechkumpanen Schubart angestimmt wurde, jenes Lied, das vom grausamen Verkauf der württembergischen Landeskinder in fremde Kriegsdienste und ins ferne Afrika erzählt, dann tropften dem Leopold Baur dicke Tränen der Rührung aus den Augen und kullerten schwer über seine vom Wein so üppig geröteten Wangen.

War er in der Männerrunde auch mit dem Maul ein rechter Sauklob, dem weiblichen Geschlecht gegenüber konnte er von geradezu sanftmütiger Zartheit sein. Sogar als wackerer Keuschheitswächter machte er sich zuweilen verdient, wie eine Anekdote glaubhaft versichert, die von einer Herrenpartie zur Solitude erzählt – wobei sich allerdings allein der Leopold Baur als ein Herr, sein Begleiter dagegen als ein rechter Wüstling erwies. Im Wirtshaus auf der Solitude also saßen die beiden Ausflügler eines Nachmittags beim Wein, als ein recht ansehnliches und jugendfrisches Bauernmädle die Wirtsstube betrat, um ein Quantum Flachs loszuwerden. Weniger von der blonden Anmut der Flachssträhnen als vielmehr von den appetitlichen Formen der reschen Jungfer war Baurs Begleiter alsbald so heftig angetan, daß er das schüchterne Wesen zu sich an den Tisch zog und ihm dabei recht genüßlich unter das wollene Halstuch griff. Da nun aber griff der bis in seine Seele empörte Baur augenblicklich zu seinem eindrucksvollen Rohrstock, den er stets bei sich führte, und drohte dem g'lüstigen Freundchen ernstlich Schläge an für den Fall, daß er seine Hand nicht augenblicklich aus dem Blüsle des verdutzten Geschöpfs nehme. Was der, nun gleichfalls recht verdutzt, auf der Stelle auch tat.

Eine wahrhaft ehrenwerte Tat. Doch wer weiß, vielleicht steckte hinter diesem lobenswerten Eifer mehr als nur die strengste Anständigkeit. Vielleicht war dieser Kavalier und Keuschheitsbeschützer Baur gar ein dermaßen gründlicher Verehrer der weiblichen Unversehrtheit, daß er es genau deshalb sein Leben lang nicht zu einem Eheweib brachte. Möglicherweise hat er sich sein ganzes Männerleben nur deshalb als ein rechter Polterer und Grobian aufgeführt, um eine möglichst dicke Mauer um den Kern seines zartbesaiteten und schüchternen Wesens zu bauen. Vom Bauhandwerk schließlich verstand der Mann etwas, denn als Schieferdecker hatte er es beim Bau des Neuen Schlosses in Stuttgart zu einem recht ansehnlichen Vermögen gebracht. Im Jahr 1761, mit nicht ganz 30 Jahren, war er nach Stuttgart gekommen und zum Hofschieferdeckermeister ernannt worden. Doch nicht nur für die Dächer der neuen Fürstenresidenz in Stuttgart war er verantwortlich gewesen. Nachdem der Herzog Carl Eugen aus Rache an den Stuttgartern 1764 seinen Wohnsitz wieder retour ins Ludwigsburger Schloß verlegt hatte, hatte es auch dort bald wieder so manches zu schaffen gegeben. Dazu war bald auch die Großbaustelle auf der Höhe über Weilimdorf gekommen, wo der prachtversessene Fürst in jenem Jahr sein Lustschlößchen Solitude hatte aus dem Boden stampfen lassen. An Arbeit also hatte es dem jungen Hofschieferdecker nicht gefehlt, aber auch nicht an Geld, denn für seine vielfältigen Verantwortlichkeiten hatte er ein fürstliches Jahresgehalt von 500 Gulden bekommen.

So ganz von ungefähr allerdings hatte es der junge Dachdeckermeister nicht zu diesem auskömmlichen Dauerauftrag gebracht. Schon sein Vater, der Johann Adam Baur, ein gebürtiger Rheinländer, hatte in Ludwigsburg als Schieferdecker mit seiner Handwerkskunst überzeugt, und so hat sein Ältester, der ihm am 12. November des Jahres 1732 in Ludwigsburg geboren worden war, nach ausgiebigen Lehr- und Wanderjahren das Geschäft praktischerweise von seinem Vater übernommen. Genauso wie die Religion, die ihm ein Leben lang eine rechte Quelle des Trosts und der Erbauung war.

Als Sohn eines nach Württemberg reing'schmeckten Rheinländers war der Johann Georg Leopoldus natürlich katholisch. Und er hat seine Konfession auch nie zu verheimlichen versucht in seiner bocklutherischen

Württemberger Umgebung, sondern ist Tag für Tag schon früh am Morgen und nach seiner ersten alkoholischen Stärkung mit frisch gepuderter Perücke und sauber ausgeklopftem Rock ins Alte Schloß spaziert, wo im Großen Saal katholischer Hofgottesdienst gehalten wurde. Und selbst am Wirtshaustisch hielt er mit seinem Glauben ganz und gar nicht hinterm Berg. Im Gegenteil, er wetterte mit Lust und Laune gegen die „dummen Lutheraner" und war der festen Meinung, daß die Evangelischen sowieso keine Religion im Ranzen hätten.

Jedenfalls ließ es der lebensfreudige Katholik in Religionsdingen an nichts fehlen. Selbst dann, wenn er im Vollrausch hinter dem Schein seiner Handlaterne heimwärts gewankt war, sank er, sobald er seine Wohnung glücklich erreicht hatte, in seinem privaten Herrgottswinkel mehr oder weniger willentlich in die Knie, um brav sein Nachtgebet zu verrichten. Was seinen Leib- und Magenfreund Schubart einmal zu der wenig pietätvollen Bemerkung ermunterte, er sei „eine Bibel in Sauleder gebunden".

Bei aller christkatholischen Frömmigkeit aber war ihm seine liebste Kirche immer noch der „Adler", und die angenehmsten Lieder waren ihm jene, die sein Sauf- und Seelenbruder Schubart auf ihn dichtete und sang. Wobei der Sänger seinen Herzensfreund durchaus nicht nur grob bedichtete. Bei würdigeren Anlässen verstand er es gar, die groben Töne mit Wortgirlanden von weniger rauhem Wuchs zu umwinden. Wie etwa bei jenem Sechszeiler, den er dem „Original-Menschenstück Baur" zum Neujahrsfest des Jahres 1791 widmete:

*„Von innen bist Du sanft, von außen bist Du rauh,*
*Leg ab im neuen Jahr die Maske einer Sau,*
*Doch liebst Du fernerhin dieß scheußliche Gewand,*

*So biet' ich dennoch Dir die Hand;*
*Nur wünsche ich, gebrauche Deine Zeit,*
*Doch immer so, daß es Dich nie gereut."*

Ein wahrhaft schönes Beispiel freundschaftlicher Toleranz, grundiert mit der sanften Ermahnung, die Lebensjahre nicht ganz und gar sinnlos zu vergeuden. Reichlich leichtsinniger hatte das noch vier Jahre zuvor und in einem Kurzpoem auf Baurs 55. Geburtstag im November 1787 geklungen. Aber da war der Schubart auch gerade erst ein halbes Jahr in Freiheit und wurde von einem gewaltigen Nachholbedarf an Lebenslust durchpulst:

*„Zu Deinem heut'gen Jubeltage*
*Nimm freundlich uns're Wünsche hin,*
*Die Zukuft sey Dir frei von Klage,*
*Und immer jung und frisch Dein Sinn:*
*Gott Bacchus möge um Dein Leben*
*Den schönsten Kranz von Klevner weben!"*

Nicht nur der Schubart ließ die Schätze seiner Reimkunst bei jeder sich bietenden Gelegenheit fuderweise über dem Haupt des Zechkumpanen niedergehen. Auch die anderen Trink- und Tischgenossen mühten sich redlich, ihren Baur in wohlgebauten Reimen zu preisen. Wobei ein öffentlich bestellter und beamteter Hoftheaterdichter wie der Johann Friedrich Schlotterbeck natürlich vor allem mit poetischer Masse zu überzeugen versuchte und seinen Pegasus zu einem kräftezehrenden Dauerlauf antrieb:

*„Baur, auf dein Wohlergehen,*
*Sei dir Reim und Glas gebracht,*
*Und mein Wunsch soll dir erflehen,*
*Was dich froh und glücklich macht:*

*Menschenfreund und Sorgenhasser,*
*Mann, der ehrlich denkt und spricht:*
*Sieh, noch funkelt dein Gesicht,*
*Ja, du sollst bei Mannheims Wasser,*
*Neckar-, Cyper-, Moselwein*
*Wie ein Adler dich verjüngen,*
*Öfters noch das Kaplied singen,*
*Heiter wie der Morgen sein;*
*Aber wenn gemeine Seelen,*
*Esel, Büffel, Lümmel, Stier,*
*Leute, nicht so teutsch wie wir,*
*Dir die Freude wollen stehlen,*
*Strafe sie mit derbem Ton*
*Stracks aus deinem Lexikon!"*

Was immer und wie immer auf den unvergleichlichen Baur gereimt wurde, der so Gefeierte hatte den Gewinn der Ehre und des Ruhms, den habhaften Gewinn aber hatte stets der „Adler"-Wirt Georg Friedrich Schnell. Der mußte, kaum war der letzte Hauch der Gelegenheitspoesie verklungen, eilends hinab in seinen Keller hetzen und einen neuen Korb mit süffigen Gewächsen aus seinen unendlichen Gewölben heraufholen, damit's der Festgesellschaft niemals an der nötigen Geistesnahrung gebrach. Und hatte er die Korken aus den Flaschen gedreht, dann mußte er dem Leopold Baur die Bouteillen mitsamt den Flaschenpropfen bringen. Die Korken nämlich steckte sich der fröhliche Gast in die geräumigen Taschen seines Rocks als stumme, aber ehrliche Zeugen seines abendlichen Konsums. Weit nach Mitternacht dann, wenn's ans Zahlen ging, häufte der Baur stolz einen ganzen Korkenberg auf den Tisch. So konnte der „Adler"-Wirt stets ohne Mühe seine Rechnung machen, und dank dieser verläßlichen Zählmethode konnte auch nicht das winzigste Tröpfle giftigen Mißtrauens das so schön und üppig gewachsene Vertrauen zwischen Wirt und Gast trüben und vergällen.

So gern und so tief dieser Stammtischbruder auch in die Gläser guckte, nicht minder vergnüglich war es ihm, hin und wieder auch weit hinauszuschauen über den Gläserrand seiner Weinseligkeit. Und als er hoch in seinen Fünfzigern so allmählich spürte, daß es mit ihm und seiner Lebensfreude wohl bald ein Ende haben müsse, da versäumte er es nicht, mit Bedacht vorzusorgen für die Zeit danach. Im pietistisch durchsäuerten Boden Stuttgarts, so legte er's fest, wolle er als ein Katholik reinsten Weihwassers auf keinen Fall begraben sein. Ein Plätzchen hoch über dem Neckar, den Friedhof des Katholiken-Dörfchens Hofen, bestimmte er zu seiner letzten Ruhestätte. Dort habe er, so erläuterte er den erstaunten Freunden seine Entscheidung, eine freie und unverstellte Aussicht auf Gottes schöne Welt. Und außerdem, so rechnete er es sich im Blick auf den Jüngsten Tag aus, würde er dort die Posaunen des Weltgerichts weit früher hören „als die Lalle im Stuttgarter Thal".

Seine zweite Anordung war schon wieder weniger vom Geist der Demut bestimmt als vielmehr vom Geist der Narrenfreiheit. Nicht auf dem Rücken, so ordnete er an, wolle er in seinen Sarg gelegt werden, sondern auf den Bauch. Und bei seiner letzten Reise sollten die Träger seiner derart eingesargten Leibesfülle kurz nach der Stuttgarter Stadtgrenze haltmachen, den Sarg öffnen, um so allen Zurückgebliebenen die Möglichkeit zu geben, ihn ein letztes Mal nach der Maßgabe des schwäbischen Grußes zu beehren. So ausgeschlossen es seinen Freunden aus Gründen der Pietät war, diesen seiner letzten Wünsche zu erfüllen, so leicht hatten sie es mit dem dritten. Seine Verordnung, sich vor seinem Begräbnis noch einmal nach Kräften an Champagner zu laben und damit die Trauer nach Kräften aus der Seele zu spülen, konnten die Freunde ohne weiteres befolgen.

Gegen Ende des Monats Februar im Jahr 1791 wurde es für die Stammtischbrüder so allmählich Zeit, sich auf den Abschied einzustellen. Und sie widmeten sich dieser schweren Aufgabe ganz so, wie es der Todkranke von ihnen wohl auch erwartete. Sie saßen beim Wein beieinander und schmiedeten fleißig Grabsprüche für den Hinfälligen. Eher ein wenig sparsam gab sich dabei der Gotthold Friedrich Stäudlin. Er ließ sich in seiner Phantasie von dem zu erwartenden Anblick einer ungewöhnlich eindrucksvollen Leiche inspirieren:

*„Hier liegt entstellt und leichenblaß*
*Das zweite Heidelberger Faß."*

Doppelt so großzügig zeigte sich der Hofpoet Schlotterbeck, der den Blick vom Lebensende seines geschätzen Freundes aus rückwärts wandte zu dessen Eintritt in die Welt:

*„O Wand'rer, lies mit Graus und Beben:*
*Ein Mann ruht unter dieser Schar,*
*Der nie in seinem ganzen Leben*
*als am Geburtstag nüchtern war."*

Und Schubart blieb auch bei dieser Gelegenheit seiner zwar von einigem Mitgefühl wohlig durchfeuchteten, dennoch unerbittlich drastischen und herben Weltsicht treu:

*„Hier liegt Dein alter Leib,*
*Nach manchem Zeitvertreib*
*Deckt Dich die Mutter Erde,*
*Daß endlich Dir noch werde*

*Ein bleibend Haus.*
*Du sahst so keck*
*Über manches Weinglas weg,*
*Und bleibst jetzt, was Du warst,*
*Und auch zur Welt gebarst*
*- Dreck.“*

Am 2. März war's dann soweit. Die Freunde mußten sich von ihrer dem beklagenswerten Ereignis schon weit vorausgeeilten poetischen Trauerarbeit erheben und ihren Bruder hinausbegleiten nach Hofen auf den dortigen Friedhof. Und man kann sich's leicht vorstellen, daß sie dabei mindestens so viele Tränen um den Dahingeschiedenen geweint haben, wie sie zur Vorbereitung auf diesen schweren Gang Champagnertropfen geschlürft hatten. Daß es aber ausgerechnet die Wassersucht war, die diesen großen Liebhaber der gehaltvollen Genüsse dahingerafft hatte, das konnten sie ihrem geliebten Zechkumpanen beim besten Willen nicht verzeihen.

# Ein Kommunist in Christo

## *Der schwäbische Prophet Johann Georg Rapp und seine amerikanischen Paradiesgärten der Frömmigkeit*

An einem Herbstmorgen des Jahres 1786 hatte der Dorfschulmeister von Iptingen ein eigenartiges Erlebnis. Der Christian Hörnle, ein ansonsten recht anstelliger Bub, saß stocksteif in seiner Schulbank und weigerte sich strikt, seinen Griffel in die Hand zu nehmen. Und als der darob doch etwas irritierte Pädagoge sich von seinem Schüler eine Erklärung für diese plötzliche Widersetzlichkeit ausbat, da gab der 13jährige ihm knapp und klar Bescheid: Keinen einzigen Buchstaben und auch keine gotzige Ziffer werde er von nun an mehr auf seine Schiefertafel schreiben und damit basta. Da staunte der Herr Lehrer zwar, doch zwang er sich zur Tugend der Gelassenheit. Er war so einiges gewöhnt, seit er seine Stelle in diesem wunderlichen Dorf angetreten hatte. Da war zum Beispiel diese Sache mit den Sonntagen. Seit Monaten fanden am Tag des Herrn immer weniger Iptinger in ihr eigentlich recht schmuckes Dorfkirchle. Doch kaum hatten die Glocken das Ende des Gottesdienstes verkündet, da lief der halbe Flecken beim Bauer Rapp oder beim Vater von diesem Christian Hörnle zusammen, um dort die Bibel zu studieren und anschließend das Abendmahl zu feiern. Und dagegen, so tröstete sich der duldsame Erzieher, war die freche Aufmüpfigkeit dieses halbstarken Christian eigentlich eine einigermaßen erträgliche Sünde. Und als der Christian zwei Tage später, als die Schulkinder sich zum gemeinsamen Kirchgang sammelten, ohne ein Wort davonlief, da guckte der Herr Lehrer einfach weg.

Nach dem Osterfest des darauffolgenden Jahres allerdings konnte der verständige Pädagoge beim besten Willen nicht länger über die seltsamen Mödele hinwegsehen, die der junge Hörnle seit einem halben Jahr so an den Tag legte. Jetzt nämlich hatte sich dieser Dickkopf dazu entschlossen, überhaupt nicht mehr zum Unterricht zu erscheinen. Und so etwas, das war klar, mußte selbst der sanftmütigste Dorfschullehrer seinem Vorgesetzten, dem Herrn Pfarrer, melden. Auch der Iptinger Dorfpfarrer war von der Widerspenstigkeit des Christian Hörnle tief beeindruckt und bestellte ihn augenblicklich zu sich, um ihm gründlich die Leviten zu lesen. Womit er aber nicht weit kam, denn kaum stand der junge Spunt unter der Tür der Pfarrstube, da fing er auch schon an, lauthals zu lamentieren. Er, der Pfarrer, predigte der vorlaute Christian, komme ihm vor wie der Riese Goliath, er selbst aber fühle sich g'rad so wie der kleine David. Und jetzt werde man ja sehen, wer von beiden gewinne. In der Bibel immerhin sei die Sache eindeutig ausgegangen. Und hier, im Iptinger Pfarrhaus, werde es wohl kaum anders sein. Das könne er dem Pfarrer jetzt schon sagen.

Der Pfarrer seinerseits sagte nun zuerst einmal gar nichts. Ihm war die Spucke weggeblieben. Und noch bevor er sich von seinem Schrecken wieder einigermaßen erholt hatte, erklärte ihm sein wenig verschrockener Gast, daß er keineswegs im Sinn habe, die Schule oder auch die Kirche jemals wieder zu besuchen. Das seien die Wohnorte des falschen Gottes Baal, vor diesem Götzen werde er seine Knie nicht beugen. Und überhaupt, fuhr der halbgare Eiferer fort, habe ihm weder ein Lehrer noch ein Pfarrer irgendebbes zu befehlen. Die und ihresgleichen hätten ihre minderwertige Weisheit ja bloß von der Universität, während die Apostel nicht ein Stündle studiert hätten und doch die wahren Glaubenslehrer seien. Die heutigen Geistlichen aber, und da gehöre der Pfarrer von Iptingen natürlich auch dazu, seien nie und nimmer vom Heiland berufen, sondern nur vom Weltgeist in ihr Amt gesetzt. Damit schloß der sprachgewaltige Christian seinen Sermon, machte auf dem Absatz kehrt und ließ den vollkommen fassungslosen Pfarrer in seinem Amtsstüble sitzen.

Soweit also war's in diesem Iptingen gekommen, daß ein Bauernflegel seinem Pfarrer auf diese Art die Meinung geigen konnte. Wie in Trance nahm der Herr Pfarrer bei diesem Gedanken die Feder zur Hand und schrieb auf, was er sich von diesem widersetzlichen Pfarrkind hatte bieten lassen müssen. Und als er den Schlußpunkt unter seinen kleinen Rapport gesetzt hatte, da standen ihm die eigensinnigen Schäflein seiner Gemeinde wieder so richtig lebhaft vor Augen in ihrer ganzen Sturheit und Dickköpfigkeit.

Ja, das waren schon ganz eigene Gotteskinder, diese Hörnle, Rapp und wie sie sonst noch alle hießen. Diese selbsternannten Propheten eines wahren, neuen Glaubens. Diese Stundenbrüder und Abweichler. Diese selbstbewußten Eigenbrötler Gottes, die weder den Lehrer noch den Pfarrer anerkannten als ihre von der Obrigkeit bestellten Herrn. Diese gottvergessenen Rebellen, die sich nicht scheuten, ihren Kindern die kirchliche Taufe zu versagen, sie vom Gottesdienst, von der Kirchenlehre und schließlich auch noch von der Konfirmation abzuhalten. Und wenn sie ihre Wickelkinder auf eindringliche Ermahnung dann doch zur Taufe brachten, dann besaßen sie auch noch die gotteslästerliche Frechheit, dem Pfarrherrn ins Gesicht zu sagen, sie hätten ihren Nachwuchs daheim „halt scho a bißle tauft". Doch Gott sei Dank, tröstete sich der Pfarrer in seinem wieder einmal mächtig aufwallenden Zorn, gab es auch noch die hohe Kirchenbehörde und das Oberamt. Dort würde man diese elenden Sektierer schon noch zur Räson bringen. Und jetzt endlich, da er sich diesen schönen Trost ausgemalt hatte, fand der Pfarrer von Iptingen wieder so einigermaßen sein seelisches Gleichgewicht und seine innere Ruhe.

Einige der geheimen Wünsche des Pfarrers sollten immerhin in Erfüllung gehen. Im Juni des Jahres 1791 stand der Johann Georg Rapp, Seele und Kopf der Iptinger Sektenbrüder und Separatisten, tatsächlich vor dem Maulbronner Oberamt und mußte sich dort für seine Umtriebe als Laienprediger verantworten. Bloß mit dem Einschüchtern war es bei diesem Rapp so eine Sache. „Was kann ich dafür, wenn die Leut' aus dem ganzen Königreich zu mir kommen? Wenn sie von ihren Pfarrern ebbes Rechtes hören würden, dann täten sie nicht zum armen kleinen Rapp im Zwilchkittel nach Iptingen laufen", hielt er dem Oberamtmann entgegen, als der ihm das Predigen schlankweg verbieten wollte. Und als der Gestrenge diesen sterrichen Leinenweber Rapp an seine Gehorsamspflichten gegenüber der Obrigkeit erinnerte, da stellte der Gottesmann von eigenen Glaubensgnaden erst recht auf stur.

Und nicht minder räß reagierte der Unbeugsame, als man ihm gar das Wort verbieten wollte und ihn einen falschen Propheten schalt. Da ging ein Ruck durch die eher gedrungene Gestalt des Johann Georg Rapp, und er sprach mit aller Würde, die ihm zu Diensten war: „Ich bin ein Prophet, und man nennt mich auch einen Propheten!" Ein Bekenntnis, das ihm nicht nur den unüberhörbaren Beifall seiner Glaubensgenossen einbrachte, sondern außerdem auch ein paar Tage Gefängnis.

Wieder einmal hatte also die fürsorgliche Obrigkeit gezeigt, daß es ihr durchaus ernst war mit ihrer Strenge gegenüber diesen unbeugsamen Glaubensbrüdern und Glaubensschwestern. Aber bei aller Sorge um die Rechtgläubigkeit ihrer Untertanen störte die Landesherrschaft noch mehr das Bodeng'fährtle der Aufmüpfigkeit und Renitenz, das diese und all die anderen Kirchenrebellen im Ländle an den Tag legten. Da weigerten sich die einen, vor den Amtswaltern der Ordnung den Hut zu ziehen, die anderen ließen sich – wie auch der Rapp in Iptingen – gewaltige Bärte wachsen. Neben der ausgeprägten Mißachtung der gesellschaftlichen Formen verweigerten manche dieser bockelharten Sektierer das Schwören eines Eids, und selbst gegen den Wehrdienst sperrten sie sich. Ein Verhalten, das der Herrschaft natürlich besonders widerwärtig war. Schließlich sollten es die Untertanen als eine hohe Ehre und Auszeichnung erachten, Kopf und Kragen riskieren zu dürfen für die Sicherheit der herzoglichen Lande.

Andere Glaubensabweichler hefteten sich zum Zeichen ihrer göttlichen Auserwähltheit einen Stoffstern an den Hut, der dieser vermaledeiten Kokarde der französischen Revolutionäre verdächtig ähnlich sah. Da war es kein Wunder, daß der Herzog Carl Eugen in Anbetracht solcher Landeskinder mit der Zeit doch ein wenig nervös wurde auf seinem Gottesgnadenthrönle. Im hohen Bogen aus dem Land hinauswerfen jedoch wollte er die frommen Aufrührer auch nicht gleich. Bei all ihrem Eigensinn waren sie immerhin fleißige, umtriebige Bauern und als Steuerzahler doch sehr nützlich für den Staat.

Immerhin empfanden der Rapp und seine Anhänger die Nadelstiche und Schikanen der Obrigkeit mit der Zeit als ziemlich widerwärtig. Und so reifte in ihnen der Entschluß, das irdische Heil in der Ferne zu suchen, nach Amerika auszuwandern und dort dem Herrn und dem eigenen Seelenfrieden eine Stadt zu bauen. Eine Stadt, wo sie in Ruhe ihr Sach' schaffen und nach ihrem ganz privaten Gläuble selig werden konnten. Das Geld, das für ein solches Unternehmen nötig war, wollten sie durch den Verkauf des heimatlichen Eigentums gewinnen. Und außerdem waren da auch noch die Opfergelder, die man bisher unter den Armen verteilt hatte und nun auf die Seite legen konnte für den Auszug aus dem gar nicht mehr so geliebten und gelobten Schwabenland.

Im Frühjahr des Jahres 1803 kam die Gemeinde der Rappisten also überein, ihren geliebten und verehrten Chefideologen Rapp mit einigen der verläßlichsten Brüder als Kundschafter vorauszuschicken in die amerikanische Ungewißheit. Dort sollten sie die Chancen für einen Neuanfang erkunden. Vier Männer waren es, die im Hochsommer des Jahres 1803 in Amsterdam das Segelschiff „Canton" bestiegen und am 7. Oktober in Philadelphia wieder an Land wankten. Knapp 46 Jahre alt war der Johann Georg Rapp damals zwar schon, doch mit Gottes und seiner wackeren Begleiter Beistand machte er sich mit fast jugendlicher Tatkraft auf die Suche nach jenem Fleckchen freier Erde, auf dem er sein Modell einer gottgefälligen Gemeinde verwirklichen konnte. Ganz so einfach, wie erhofft, war dieses Geschäft nun allerdings nicht. Und als knapp ein Jahr später das Segelschiff „Aurora" in Baltimore einlief mit 300 Männern, Frauen und Kindern aus dem Württemberger Unterland an Bord und das gelobte Land noch immer nicht gefunden war, da wurde die Angelegenheit so langsam ungemütlich.

Noch brenzliger aber wurde die Lage, als am 14. und am 19. September 1804 nochmals ein paar hundert Rappisten ankamen, die auch nicht so recht wußten wohin. Ohne weiteres Zögern entschied sich der Vater Rapp nun für ein 2000 Hektar großes Stück Waldland in Pennsylvania, 25 Meilen nördlich der Stadt Pittsburg gelegen und an einem Fluß mit dem waschechten indianischen Namen Connoquenessing. Und auf der Stelle machten sich die Bauern, Hausfrauen und Handwerker aus dem Schwäbischen auf, um mit unerbittlichem Fleiß ihre neue Heimat zu bauen. Diese nannten sie auf amerikanisch „Harmony", denn gottgefällig und harmonisch wollten sie dort leben, beten und arbeiten.

Bereits im Februar des Jahres 1805 hatten sich die Auswanderer einigermaßen eingerichtet in den Blockhütten ihrer neuen Heimat. Und damit sie bei ihrem Tun und Treiben nicht allein auf ihren Glauben und auf ihren gesunden Menschenverstand angewiesen waren, bastelte der Vater Rapp den „Harmonisten" auch eine richtige Verfassung. Ein so außergewöhnliches Gesetzeswerk war diese Konstitution, daß noch 40 Jahre später ein gewisser Friedrich Engels, bis heute berühmt und berüchtigt als Miterfinder der kommunistischen Welterlösungsideologie, vom Rappschen Gesellschaftsmodell begeistert war und es als einen lebendigen Beweis dafür nahm, daß der Mensch durchaus dafür geschaffen sei, in vollkommener Gütergemeinschaft mit seinesgleichen zu leben. Sie hatte es aber auch wahrlich in sich, diese Gemeinschaftsordnung, die der Johann Georg Rapp da ausgetüftelt hatte. Und er erwies sich mit diesem nicht besonders umfangreichen, doch inhaltsschweren Gesetzeswerk als ein konsequenter Kommunist in Christo.

Alle, die in der „Harmonie-Gesellschaft" leben wollten, hatten der Gemeinschaft ihr gesamtes Hab und Gut zu übereignen. Zudem mußten sie versprechen, die Gesetze der Gemeinschaft stets zu achten, den Anordnungen ihrer Führungskräfte allzeit widerspruchslos zu gehorchen und mit ihrer Arbeitskraft den allgemeinen Wohlstand tüchtig zu fördern und zu mehren. Zum Ausgleich dafür durften die eingetragenen Harmonisten darauf bauen und vertrauen, daß die Gemeinschaft in guten wie in schlechten Tagen für sie sorgte, sie nährte, kleidete und ihnen Wohnung gab. Für den Fall des Ausscheidens aus dem Erdenparadies durften sie immerhin mit der Rückgabe ihres einstigen Besitzes rechnen, allerdings ohne Zins und Zinseszins. Wer jedoch als Habenichts ein Harmonist geworden war, der sollte zum Abschied ein Geldgeschenk bekommen. Eine Art Lohn, bemessen nach dem persönlichen Fleiß und Wohlverhalten während der Zeit in der Gemeinschaft oder nach dem Gusto ihres Oberhaupts. Das war das ganze Regelwerk. Mehr brauchte es nach dem Willen des Herrn und nach der Meinung seines Stellvertreters Rapp nicht, um die neue Gemeinde blühen und gedeihen zu lassen.

Eine noch viel mächtigere Kraft als die Gebote dieser Verfassung aber war der Glaube der Harmonisten an die Gottgefälligkeit ihres Lebenswandels. Und was dieser herzinnige Glaube bewirkte, das wurde bald vor aller Augen offenbar. Die anmutigsten Blockhütten standen bald am Ufer des Connoquenessing. Fleißig wurde das Land gerodet und urbar gemacht. Scheunen wurden gebaut, um die Früchte des Fleißes zu sammeln, und bald klapperten auch Mühlen am Rand der neuen Stadt. Eine Blaufärberei und eine Gerberei waren die ersten Fabriken und weitere Zeugen des schwäbischen Gewerbefleißes in der Neuen Welt. In einem Gemischtwarenladen war – ohne Geld – bald alles zu haben, was ein frommes Herz nur begehrte. Auch Bier wurde in Harmony gebraut, und selbst die Kunst des Whiskybrennens eigneten sich die Harmonisten an. Das Feuerwasser war allerdings vornehmlich für den Export in die mehr oder weniger gottlose Welt vor den Toren der Stadt gedacht. Besonders prächtig wurde im Jahr 1808 die Kirche errichtet. 21 Meter lang und 17 Meter geriet das Gotteshaus der Harmonisten. Und dort wurde nun jeden Abend ausgiebig Andacht und am Sonntag feierlich Gottesdienst gehalten.

In wenigen Jahren war so durch gottgefälligen Fleiß und durch den klugen Einsatz aller Begabungen und Kräfte eine blitzsaubere Musterstadt entstanden. Und um all die sinnreichen Einrichtungen zu bestaunen, fanden sich mit der Zeit aus aller Herren Länder Gäste ein und logierten im komfortablen Hotel „Harmony". Die literarischen Weltenbummler schwärmten nicht nur von der echt schwäbischen Kost, die dort aufgetischt wurde, sie priesen mit heller Begeisterung auch den Gewerbefleiß der christlichen Kommunarden und verbreiteten so deren Ruhm in aller Welt. Nur mit dem Vater Rapp hatten sie gewisse Probleme. Die allerdings waren rein sprachlicher Natur. Der unumschränkte Herrscher über die amerikanische Harmonisten-Herrlichkeit sprach und verstand nämlich noch immer nichts anderes als sein geliebtes Schwäbisch. Sein weltlicher und geistlicher Regierungsauftrag hatte ihn dermaßen in Anspruch genommen, daß ihm keine Zeit geblieben war, die Sprache der neuen Heimat zu lernen. Seine Gemeinde aber verstand ihn umso besser. Und vor allem dann, wenn er mit seiner kraftvollen Stimme von der Wiederaufrichtung des Gottesreichs erzählte und von den Freuden des Jüngsten Tags. Und dieser Tag, so verhieß es der kleine Mann mit diesen so lebhaft funkelnden Augen, sei nah, sehr nah ...

Noch schneller als der Jüngste Tag aber kam jener, an dem die Harmonisten ihr perfekt funktionierendes Gemeinwesen mit allem Drum und Dran verkauften und weiterzogen, um noch einmal ganz von vorn zu beginnen. Die Gegend um „Harmony", so hatte es der Vater Rapp aufgrund einer nächtlichen Erleuchtung entschieden, biete nicht genug Raum für die künftige Entwicklung der Stadt. Also machte er sich im April 1814 auf gen Westen, um für seine Gemeinde einen neuen Gottesgarten zu suchen. Den fand der Ruhelose dann auch im Staat Indiana und nicht weit von jener Stelle, wo der Wabash in den Ohio mündet und die Grenzen der Bundesstaaten Kentucky, Ohio und Indiana aufeinanderstoßen.

In den höchsten Tönen lobte Georg Rapp in seinen Briefen an die Gemeinde diesen unberührten Landstrich. Von frischen Quellen schwärmte er und von Berghängen, die wie geschaffen seien für den Weinbau. Auch von der Weite der Wälder zeigte er sich sehr angetan und vom Fischreichtum des tiefgrün dahinströmenden Wabash. Prompt erschien am 10. Juni in den beiden Lokalzeitungen von Pittsburgh eine Anzeige, in der eine komplette Stadt zum Verkauf angeboten wurde. 200000 Dollar wollte Vater Rapp zunächst für sein „Harmony", ein knappes Jahr später ging die Mustersiedlung für genau die Hälfte an einen Mr. Ziegler aus Bethlehem, der sich dann auch noch jahrelang Zeit ließ mit der Bezahlung dieses Spottpreises. Die Harmonisten aber blickten nach vorn und zogen westwärts. Kommoderweise konnten sie dazu Boote besteigen und sich den Ohio hinuntertreiben lassen.

Gerade zehn Jahre blieb ihnen dort Zeit, um ein neues und wiederum blühendes Gemeinwesen zu schaffen. Dann aber verkauften die Harmonisten auch ihr „New Harmony". Die 800 Seelen starke Glaubensfamilie des Vater Rapp zog wieder ostwärts, baute am Ohio die dritte Stadt ihrer paradiesischen Zuversicht und nannte sie „Economy". Die Harmonisten dachten dabei aber weniger an die Kunst des möglichst erfolgreichen Haushaltens als vielmehr an eine göttliche Wirtschaft und an das diesseitige Ebenbild der göttlichen Vollkommenheit.

Alle Hände der Gemeinschaft regten sich jetzt abermals fleißig. Was sich aber auch noch regte inmitten der zum dritten Mal in die Wüste geführten Gemeinde, das war der schnöde Geist des Widerspruchs. Ganz unscheinbar zuerst, doch mit der Zeit für alle sichtbar schien das Giftpflänzlein der Zwietracht aufzugehen auf dem Feld der Harmonie. Und von welchem Stoff der Dünger war, der dieses gefährliche Kräutlein nährte, das hat der deutsche Nationalökonom Friedrich List als ein unbestechlicher Beobachter feinsinnig erkannt, als er sich ausgiebig umgeschaut hatte in der Wunder-Kolonie seiner einstigen Landsleute.

Als „Priester und König", so hat er es nach seinem Besuch aufgeschrieben, „predigt und regiert Rapp; beides mit gewaltiger Stimme. Seine Leute zittern, wenn sie ertönt, doch lieben sie ihn, nach ihrer Aussage, zärtlich; nur bemerken einige Halbdissenters (Halb-Abtrünnige meinte er damit) im Vertrauen: Rapp übe eine magnetische Gewalt über sie aus. Morgens früh erscheint Rapp vor den Toren seines Palastes, wo die Geschäfte des Tages mit den Großen des Reiches verabredet werden. Jeder geht nun in dasjenige Etablissement, welchem er vorsteht, um die erhaltenen Befehle zu vollziehen, und den Tag über sieht Rapp selbst nach. Wehe dem, der nicht besteht; eine Flut schwäbischer Schimpfwörter wie Ochs, Esel, Stier, Schaf strömen aus dem Munde des in der Tat ehrwürdig aussehenden Patriarchen, und die alten Männer zittern, versprechen wie Knaben dem ‚Vater' (dies ist sein allgemeiner Titel) Besserung, während ein beifälliges Lächeln sie beseeligt. Das ist gar nicht zu verwundern, denn Rapp hält nicht nur die Schlüssel zu allen Speise- und Vorratskammern, sondern auch zum Himmelreich. Christus wird, mit dem nun bald beginnenden tausendjährigen Reich in Person herniedersteigen; Rapp wird ihm zur Rechten stehen, und alle Gläubigen werden teilnehmen an seiner Herrschaft."

Da ging es also auch recht heftig und deftig zu im Erdenparadies des Vaters Rapp. Und der unerbittliche Patriarch, der sich so allmählich den Achtzigerjahren seines tatenreichen Lebens näherte, konnte nun nicht mehr ganz so sicher sein, ob ihm eines Tages nicht doch ein Zipfele der Allmacht aus den Händen gleiten würde. Also würzte er sein Regiment mit noch mehr Strenge und hoffte so, den Aufmüpfigeren unter seinen Brüdern das Süpple der Auflehnung gründlich zu versalzen. Allerdings verbrauchte er damit die Energien seiner Abwehrkraft ganz unnötig. Der große Versucher seines Lebenswerks wuchs nicht in der Herde seiner Lämmer und Böcke heran, er kam am 18. Oktober mit der Postkutsche. Und Georg Rapp selbst hatte ihn zu sich gerufen.

„Erzherzog vom Stamme Juda und der Wurzel Davids", doch manchmal auch nur „Löwe von Juda" oder „Graf Leon", nannte sich nicht gerade bescheiden ein Mann, der eigentlich Bernhard Müller hieß und sich in der Gegend von Aschaffenburg und später in London und Irland einen gewissen Ruf als Wanderprediger, Prophet, Satansaustreiber und Seelenretter erworben hatte. Und weil dieser „Glaubens-Löwe" manchmal auch recht gern von einem Weltreich des Christentums schwärmte und dabei keinen guten Faden an den weltlichen Herrschern ließ, war er dort, wo er gegen den jeweiligen Landesherrn vom Leder zog, nicht gerade wohlgelitten. So stellten ihm die Sicherheitskräfte verschiedener Regierungen recht wacker nach. Um solcher Ungemütlichkeit ein für allemal zu entkommen, machte sich der „Löwe von Juda" im Sommer 1831 nach Amerika auf und kam mit vier Dutzend seiner eifrigsten Anhänger am 3. September in New York an. Von dort aus ließ er seinen Privatsekretär an den Vater Rapp nach „Economy" schreiben. Wortreich teilte er diesem mit, daß er ihn als Kollege im Geschäft der prophetischen Welterleuchtung sehr schätze und ihn darum auch bald besuchen wolle. Damit war der Vater Rapp sogleich einverstanden, denn er war höchst angetan vom Grad der christlichen Erleuchtung, die er im Sendschreiben aus New York entdeckt hatte.

Mit Jauchzen und Hosianna-Singen wurde der „Löwe von Juda" in der Stadt der Gottgefälligen empfangen, und wer dabei war, der meinte, beim Einzug des Herrn Jesus in Jerusalem könne es kaum feierlicher und erhebender gewesen sein. Dieser Mann war, so waren sich die Schwestern und Brüder von Economy in herrlicher Harmonie bald einig, von Gott gesandt und der leibhaftige Vorbote des ersehnten Erlösers. Doch nicht nur die schlichteren Gemüter in der Stadt empfanden das so, selbst der Vater Rapp war vom prophetischen Charme dieses stattlichen Menschenbruders, dessen Barockengelsgesicht schwarze Locken sanft umwallten, wie verzaubert. Und in Rapps bewegtem Innersten reifte der

Plan, diesen sanftmütigen „Löwen von Juda" zum geistlichen Erben seines wohlgebauten Erdenparadieses zu bestellen.

Mit der Zeit und nach ausgiebigen Erörterungen der göttlichen Rätsel und Gewißheiten aber entdeckte der Vater Rapp so manchen Flecken auf dem Heiligenschein dieses Möchtegern-Messias. Und als dieser es dann auch noch wagte, zu behaupten, er sei im Vergleich zum Vater Rapp wohl der bessere Prophet, da grämte sich der Herabgewürdigte doch sehr. Dabei war es sicher nicht ganz ohne Bedeutung, daß sich der selbstbewußte Gast samt seiner Gefolgschaft eigentlich bei weitem mehr für die habhaften als für die geistigen Genüsse interessierte, die ihm das Städtchen Economy bot. Als ein geübter Hochstapler merkte der „Graf Leon" jedoch auch bald, daß es in so mancher Seele der Gemeinschaft heftig rumorte und selbst die Tugendhaftesten und Brävsten der Harmonisten den Verdacht hegten, der bejahrte Rapp werde von der schlimmen Krankheit des Altersstarrsinns geplagt. Ab und zu wurden dem neuen Hoffnungsträger sogar Briefe zugespielt, in denen verzweifelte Harmonisten in flehentlich baten, sie um Gottes Willen vom Joch des Vaters Rapp zu befreien.

Mit einigem Geschick und mit geübter Raffinesse brachte es der „Löwe von Juda" dann tatsächlich soweit, daß ein Drittel der Einwohnerschaft von Economy ihn mittels eines eilends zusammengebastelten Manifests zu ihrem neuen Herrn im Diesseits ernannte und gegen den alten Rapp den Vorwurf erhob, er habe sie jahrelang zu einem Sklavenleben gepreßt und schändlich ausgenützt. Kaum hatte der trotz allem Starrsinn durchaus noch sehr entscheidungsfreudige Rapp Lunte gerochen vom Brandgeruch der Revolution, erklärte er sämtliche Unterzeichner des Manifests zu treulosen Rebellen und forderte sie auf, das irdische Paradies des Glücks so schnell als möglich zu verlassen.

Mindestens so raffiniert wie die Unterwanderungstaktik seines Gegners war Rapps Reaktion auf die Umstürzlerei. In aller Eile ließ der bisher alleingebietende Herrscher über alle Seelen und alles Sach' in Economy einen zwölfköpfigen Ältestenrat wählen, um seine Herrschaft mit einer Prise Demokratie zu zuckern und die Wankelmütigen so zurückzulocken unter sein gestrenges Regiment. Nur, ganz zu seiner Zufriedenheit ging dieser Plan nicht auf. Die Saat der Zwietracht stand bereits in feuriger Blüte, und mit der komfortablen Summe von rund 100000 Dollar im Reisegepäck verließ im Frühjahr 1832 ein Drittel der Einwohnerschaft von Economy die Stadt und die Gemeinschaft ihrer Brüder und Schwestern und ließ sich bei Philippsburgh nieder. Zu einer verschworenen Gemeinschaft aber wuchs dort die Schar der „Leonisten" nicht zusammen. Nachrichten aus Deutschland über das nicht gerade ruhmvolle Vorleben ihres Anführers zermürbten die Gemeinde, und daß dessen eifrige Versuche, aus Steinen Gold zu machen, stets erfolglos endeten, stärkten das Vertrauen in seine Allmacht auch nicht unbedingt. Bald brach der feige „Graf Leon" mit ein paar Unverzagten auf, ein neues Paradies zu suchen, die Schar der abtrünnigen Harmonisten aber zerstreute sich, und manche der Abweichler kehrten gar reumütig und kleinlaut zurück nach Economy.

Gefestigter als je zuvor war die Gemeinde der Harmonisten in Economy nach diesen ereignisreichen Monaten, und die Stadt erholte sich in geschäftiger Tätigkeit recht gut von den Turbulenzen der Rebellion und der Spaltung. Noch herzlicher als je zuvor aber wurde jetzt der Vater Rapp verehrt, noch heller strahlte die Leuchtkraft seiner nun ganz und gar unangefochteten Autorität. Und war sein wallender Prophetenbart auch längst schlohweiß geworden, noch immer klang seine Stimme klar und fest, und wenn er predigte, dann verstand er es wie eh und je die Herzen der Seinen zu bewegen. Das ewige Leben aber war auch ihm nicht geschenkt. Am 7. August 1847, eine Stunde nach Mittag, starb der Vater Rapp im biblischen Alter von nahezu 90 Jahren. In der Abenddämmerung des 10. August wurde sein Leichnam im offenen Sarg hinausgetragen zum weitläufigen Obstgarten am Rande der Stadt, wo er unter Apfelbäumen seine letzte Heimat fand. Der Ältestenrat übertönte den Abschiedsschmerz der gewaltigen Trauergemeinde mit einem hoffnungsinnigen Choral: „Sterben hier heißt oben leben, Jammer hier, dort oben Ruh', Harmonie schließt nicht mit Beben ihrer Glieder Augen zu. Unser Bund trägt in die Ferne, über Staub und weite Ferne."

Auf Erden allerdings war dem Lebenswerk des Johann Georg Rapp keine rechte Zukunft beschieden. Und dafür hatte der Patriarch mit einer seiner oft doch sehr eigenwilligen Erleuchtungen selbst gesorgt. Bereits Jahrzehnte vor seinem Dahinscheiden hatte er nämlich seinen Brüdern und Schwestern ernstlich ans Herz gelegt, sich jenen Freuden zu enthalten, die seit dem Bestehen der Welt den Fortbestand der Menschheit sichern. Und selbst die liebreizendsten Harmonistinnen und auch die vitalsten Harmonisten haben sich – anfangs zwar widerstrebend, mit der Zeit aber doch recht tapfer – dem Gebot der fleischlichen Enthaltsamkeit gebeugt. So ist das ungewöhnliche Experiment einer kommunistischen Gemeinschaft gottesfürchtiger und fleißiger Schwaben wegen vollkommener Untätigkeit in ganz persönlichen Dingen zwangsläufig gescheitert. Und die schöne Stadt Economy am Ohio starb aus, weil der Johann Georg Rapp der Sinnenfreude auch nicht das bescheidenste Plätzle angewiesen hat in seinem Erdenparadies.

# Biographische Notiz

Helmut Engisch, geboren 1950 in Oberndorf/Neckar, studierte nach seiner wacker durchlittenen Schulzeit Germanistik und Geschichte in Stuttgart. Nach dem Staatsexamen entschloß er sich, seinen Lebensunterhalt nicht mit der Belehrung der Schuljugend, sondern mit der Beschreibung der kleinen und großen Ereignisse in der schwäbischen Provinz zu verdienen und erlernte in Horb, Freudenstadt und Sulz den unterhaltsamen Beruf des Journalisten.

Als es ihm im oberen Neckartal und auf den angrenzenden Hochebenen mit der Zeit dann doch ein wenig zu gemütlich wurde, stürzte er sich im Jahre 1982 als Lokalredakteur der „Stuttgarter Nachrichten" abermals in das schwäbische Großstadtabenteuer. Von 1987 bis 1992 befaßte er sich als Lokalkolumnist „Knitz" ausgiebig und intensiv mit der Einzigartigkeit und den Absonderlichkeiten des schwäbischen Wesens.

Bald aber erkannte er, daß die Verpflichtungen eines einigermaßen ernsthaften Brotberufs solch aufwendige Forschungen nur unnötig stören. So arbeitet er seit drei Jahren als freier Journalist und Autor.

Kulturgeschichte, Literatur und Kunst sind seine bevorzugten Themenbereiche. Und als ungelernter Regisseur einer Laientheatergruppe im Horber Stadtteil Nordstetten versucht er hin und wieder auch, seine Erlebnisse ins Komödiantische zu übersetzen.

# Teppichabschlüsse

Ist der Teppich vom Webgerät genommen, müssen die Kettreste so versorgt werden, daß sich keine Gewebereihen lösen können.

## *Knoten*

### Der Überhandknoten (Rollknoten)

Die einfachste und verbreiteste Form, ist der Überhandknoten, den man eng an das Gewebe schiebt. Er läßt sich durch Einlegen zusätzlicher Fäden verstärken, wenn bei weiter Kettdichte die Fransen gegenüber dem Gewebe zu unscheinbar und dünn sind.

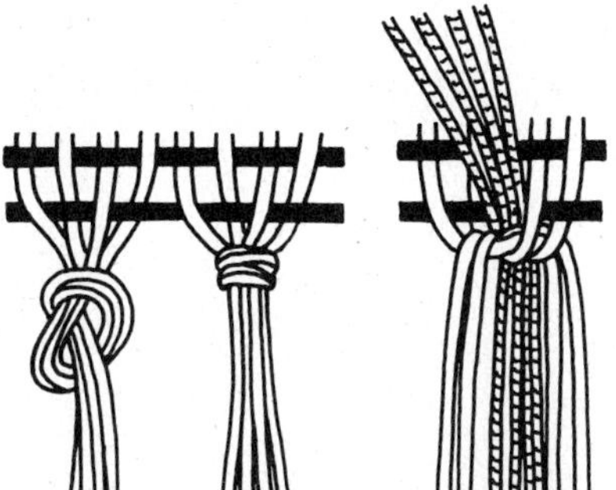


**Bild 104: Überhandknoten**
**a) einfach**
**b) verstärkt**

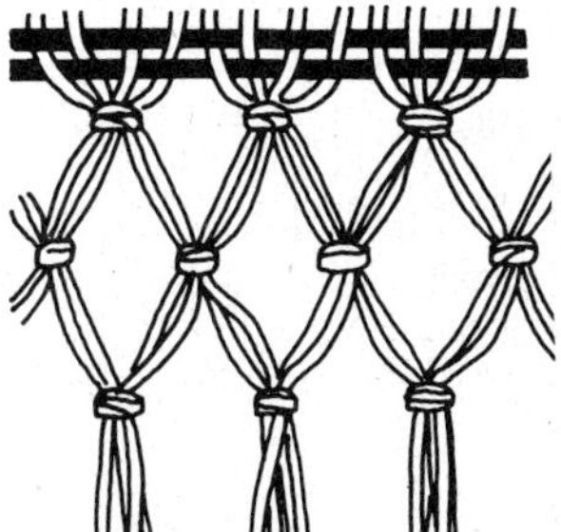

**Bild 105: Zierabschluß mit Überhandknoten**

Der Überhandknoten kann auch zur Verzierung des Fransenabschlusses benutzt werden, wenn man mehrere Knotenreihen über Kreuz setzt.

## Der Kreuzknoten

Der Kreuzknoten trägt weniger stark auf als der Überhandknoten. Mit ihm kann man auch dünne Fransen sichern.

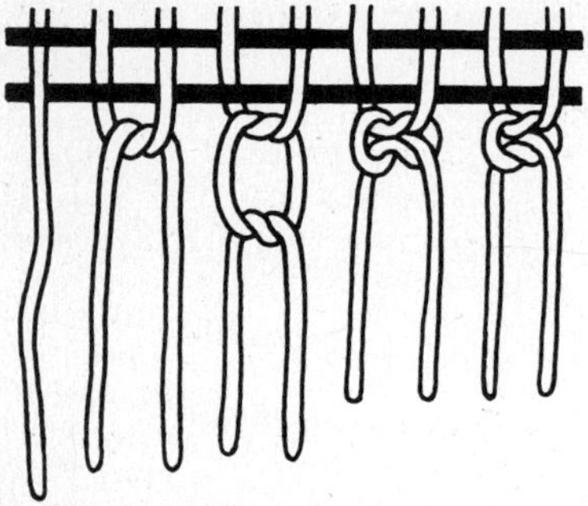

**Bild 106: Kreuzknoten**

## Der Damaskusknoten

Mit ihm lassen sich die Kettfäden einzeln abknoten. Führt man nur die erste Hälfte des Knotens aus, liegen die Kettfäden genau in der richtigen Richtung, um ins Gewebe eingezogen oder in einen Saum versteckt zu werden.

*1. Reihe:*

- Man beginnt rechts und schlingt den ersten Kettfaden um den mit der linken Hand stramm gehaltenen zweiten Kettfaden. Dabei liegt das Gewebe mit der linken Seite nach oben; die Kettreste laufen auf den Weber zu.

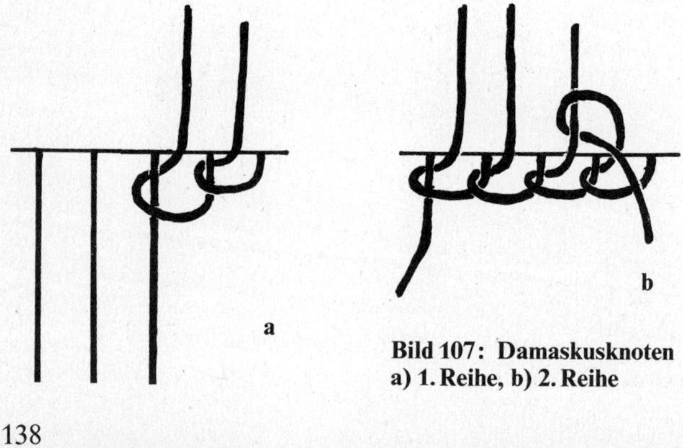


**Bild 107: Damaskusknoten**
**a) 1. Reihe, b) 2. Reihe**

- Kettfaden 2 schlingt man in der gleichen Weise um Kettfaden 3 (Bild 107).

Am Ende zeigen alle Kettfäden in Richtung Gewebe. Jetzt könnten sie in das Gewebe gestopft oder in einen Saum eingenäht werden.

*2. Reihe:*

- Man beginnt wieder rechts und schlingt den Kettfaden 1 von oben um Kettfaden 2, dann in Richtung vom Gewebe weg. Kettfaden 2 geht um Kettfaden 3 usw.

Am Ende haben alle Kettfäden wieder ihre ursprüngliche Position.
Zur Verzierung kann man mehrere Knotenreihen ausführen. Der Damaskusknoten eignet sich für dichtere Ketten, wenn man keine gebündelten Fransen wünscht.

## Verzierung der Fransen

### Flechten

Durch die Abknotungen ist das Gewebe vor dem Lösen gesichert, je nach Material können sich jedoch einzelne Fäden entzwirnen oder aufdrehen.
Die einfachste Möglichkeit, dies zu verhindern, ist, die Fransen zu Zöpfen zu flechten, die man mit einem Überhandknoten oder wie in Bild 109 gezeigt abschließt.

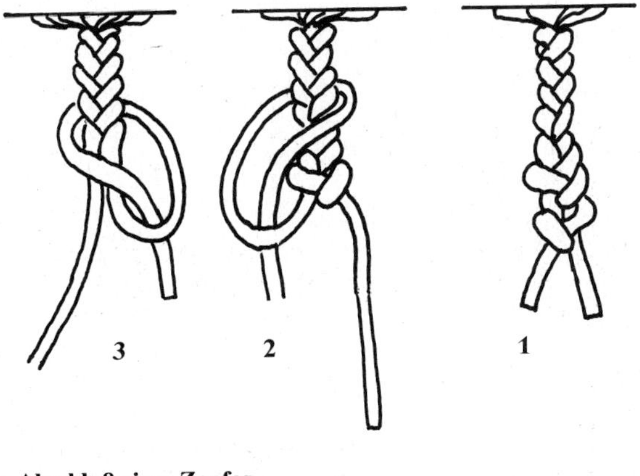


**Bild 108: Abschluß eines Zopfes**

## Zwirnen

Eine andere Methode zur Sicherung der Fransenfäden ist das Verzwirnen.

- Dazu dreht man zwei Fadenbündel in die gleiche Richtung, z. B. nach rechts, und verzwirnt sie in die Gegenrichtung. Den Abschluß bildet wieder ein Überhandknoten.

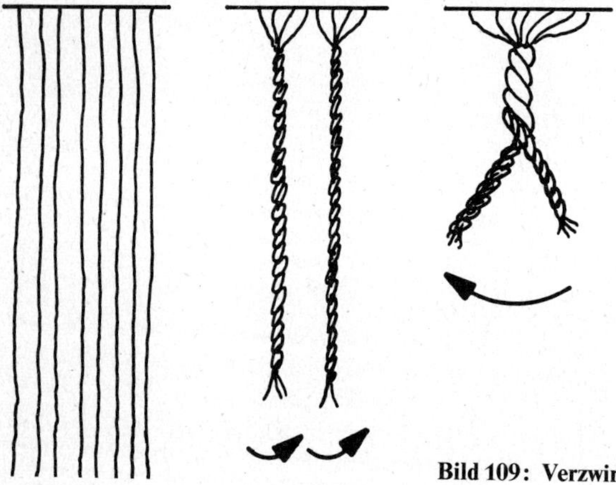

**Bild 109: Verzwirnen von Fransen**

## Gimpen

Sehr dekorativ ist das Umwickeln der Fransen mit zum Gewebe passenden farbigen Fäden. Dieses „Gimpen" wird am schönsten mit dünnen Materialien wie z. B. Leinenstickgarn.

- Den Anfang des Wickelfadens legt man parallel zu den Fransen und bezieht ihn in die dichte Umwicklung mit ein (1). Die entstehende Schnur sollte sich „angenehm satt" anfühlen.
- Kurz vor Beenden einer Farbe (0,5 bis 1 cm) fügt man einen zur Schlinge doppelt gelegten Faden zu den Fransenfäden, den man mit einwickelt. Die Fadenenden und die Schlinge werden jedoch nicht mit eingewickelt. (2)
- Zum „Vernähen" des Wickelfadenendes steckt man dieses durch die Schlinge und zieht es mit Hilfe der Fadenenden in die Gimpung zurück (3).

Auf diese Weise lassen sich mehrere Farbstreifen arbeiten.

Einfarbige Teppiche kann man mit dieser Technik durch farbig umwickelte Fransen beleben.

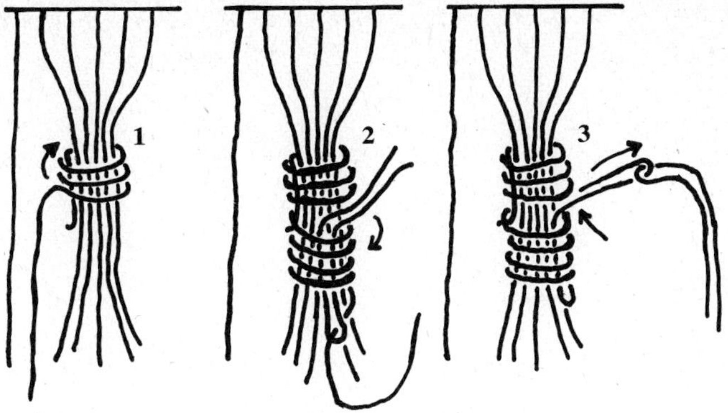


**Bild 110: Versorgen der Fadenenden beim Gimpen**

# *Abschlüsse ohne Fransen*

## Verweben der Kettfäden

Wünscht man keine Fransen, können die Kettfadenreste verwebt werden.

- Dazu werden die Kettfadenenden in Leinwandbindungsfolge geflochten, einer nach dem anderen, um wenigstens acht der folgenden Fäden. Die Reste der verwebten Fäden hängen am Geweberand aus der entstehenden Abschlußkante heraus und können abgeschnitten werden.

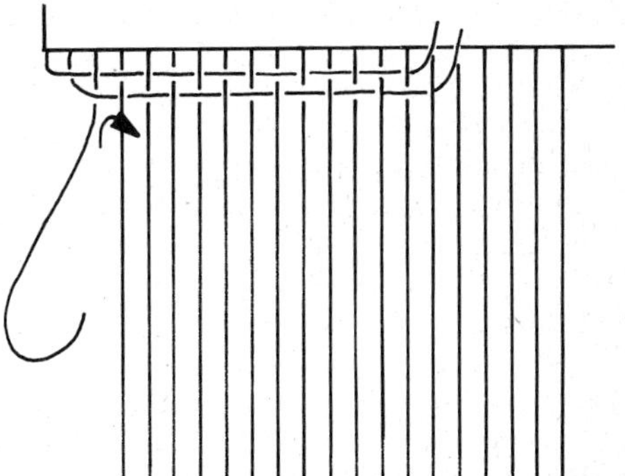

**Bild 111: Verweben der Kettfäden**

Beim Webbeginn an der Außenseite entsteht dort eine Schrägung, auf der anderen Seite bleiben die Kettfäden unverwebt, die man in einer Franse versorgen muß.
Wer es lieber symmetrisch mag, beginnt das Verweben in der Teppichmitte. Dort bildet sich ein Keil, wenn man nach beiden Seiten arbeitet, und außen je eine Franse.

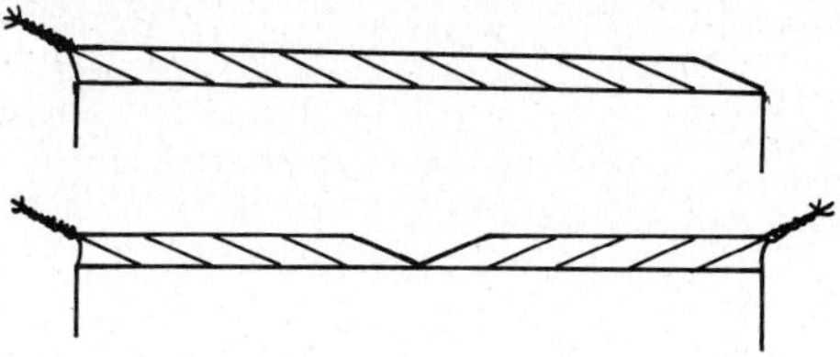

**Bild 112: Verweben der Kettfäden in verschiedenen Richtungen**

Dieser Abschluß paßt besonders gut zu Knüpfteppichen.

## Säume

Die einfachste Methode für Teppichabschlüsse ohne Fransen ist ein Saum. Dafür webt man das Kopfstück etwas breiter (3 bis 4 cm) und mit dünnerem Schußmaterial. Nachdem man die Kettfäden mit einem halben Damaskusknoten in Richtung auf das Gewebe geschlungen hat, schneidet man sie so kurz ab, daß sie im Saum nicht doppelt liegen, und näht das Kopfstück als Saum um.
Schmale Kopfstücke verlängert man durch Annähen eines stabilen Nahtbandes. Auf diese Weise „verdünnt" man auch zu dicke Kopfstükke, um sie besser annähen zu können.

## Zurückstopfen der Kettfäden ins Gewebe

Säume haben den Nachteil, daß man den Teppich nur von einer Seite benutzen kann. Die Kettfäden lassen sich auch ins Gewebe zurückstopfen. Bei dieser etwas mühsamen Prozedur „stopft" man jeden Kettfaden neben seinem Nachbarn mit einer Nadel jeweils wenigstens 6 cm ins Gewebe zurück.
Eine zusätzliche Sicherung erreicht man, wenn man mit der Nähmaschine eine gerade Naht auf das Kopfstück setzt – so nahe am Gewebe wie möglich. Bei guter Farbabstimmung des Nähgarns bleibt sie fast unsichtbar.

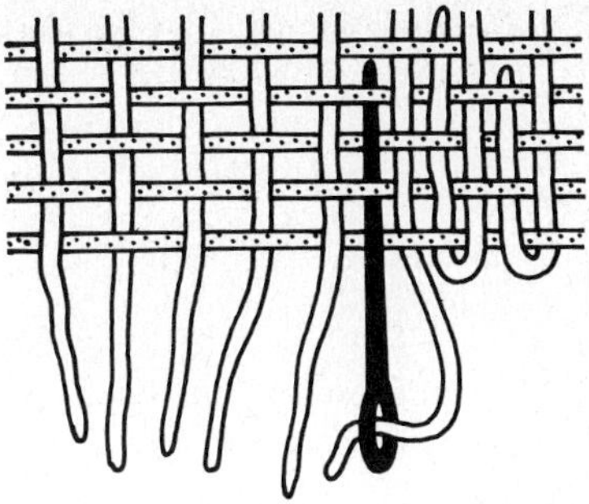

**Bild 113: Zurückstopfen der Kettfäden**

## *Wie man Tapisserien aufhängt*

Viele Hobbyweber knüpfen ihre Webereien mit den Kettfäden an einen Stab. Diese Art der Aufhängung ist nur dann sinnvoll, wenn sie ein Teil des Entwurfs ist und die Stäbe eventuell schon beim Wirken eingearbeitet wurden.
Großformatige Wandbehänge hängt man mit Hilfe eines Klettbandes auf. Die eine Hälfte näht man mit der Hand knapp unter die obere Kante der versäuberten und eventuell abgefütterten Geweberückseite. Die andere Klettbandhälfte befestigt man auf einer Holzlatte, die etwas schmaler als das Webstück ist. Dann drückt man das Gewebe auf die Latte, die wie ein Bild aufgehängt werden kann.
Kleinformatige Arbeiten kann man säumen und unsichtbar auf einen passenden Untergrundstoff aufnähen. Diesen Stoff kann man mit Futter versäubern und ebenfalls mit der Klettbandmethode aufhängen. Die fertige Bildweberei kann auch direkt um einen Karton gespannt und eingerahmt werden.
Auf Glas zum Abdecken verzichtet man nach Möglichkeit, weil dadurch die differenzierten Oberflächenstrukturen platt gedrückt werden. Für Ausstellungsstücke, die unbedingt geschützt werden müssen, gibt es neuerdings Konstruktionen aus Plexiglas, bei denen das „Deckglas" einen passenden Abstand von der eingerahmten Arbeit hat.

# Anregungen zum Entwerfen

„Habe in deinem Haus nur Dinge, von denen du weißt, daß sie nützlich sind oder von denen du glaubst, daß sie schön sind." W. Morris
Wendet man diesen Ausspruch des bekannten Engländers, der sich sehr um die gute Gestaltung handwerklicher Produkte verdient gemacht hat, auf das Teppichweben an, kann man das „oder" getrost durch ein „und" ersetzen. Nützlich und schön, das sind sicher die beiden Gesichtspunkte, die beim Planen eines Teppichs zu berücksichtigen sind.
„Nützlich" bedeutet: Vor Kälte schützen, Schall dämpfen, strapazierfähig, unempfindlich gegen Schmutz sein, fest auf dem Boden liegen, waschbar oder gar wasserfest sein. Diese Forderungen wirken sich auf die Materialauswahl, Qualität und Verarbeitung aus. Man muß das optimale Kett- und Schußgarn suchen, eventuell empfindliche Farben vermeiden und auf eine gute Ausführung des Gewebes bedacht sein.
Unter dem Gesichtspunkt „Schönheit" läßt sich alles einordnen, was mit der „Komposition" zu tun hat. Die gestalterischen Möglichkeiten „Textur", „Form" und „Farbe" müssen so eingesetzt werden, daß der Teppich die ästhetische Funktion erfüllen kann, für die er bestimmt ist: Soll er eine Ruheinsel schaffen oder einen Blickpunkt setzen, einen Raum teilen oder unterschiedliche Raumelemente verbinden, den Eindruck von Geborgenheit vermitteln, eine Raumfarbe unterstreichen oder als Farbklecks Leben in ein Zimmer bringen.
Der Bodenteppich ist also immer für einen bestimmten Zweck gedacht. Das kann zu Beschränkungen in allen Bereichen der Gestaltung und der Auswahl der Webtechnik führen. Zwei generell gültige Einschränkungen möchte ich besonders hervorheben: Ein Bodenteppich braucht eine bestimmte Dicke, um fest auf dem Boden zu liegen, um nicht zur Stolperfalle zu werden. Zum anderen dürfen die Flächengliederung und die Farbgebung keine Irritationen hervorrufen, so daß man Angst haben müßte, den Teppich zu betreten.
Um einen Teppich möglichst vielseitig benutzen zu können, sind abgeschlossene Entwürfe, die keine Richtung, kein Oben und Unten angeben, günstig.
Viele Ähnlichkeiten in Textur, Farbe und Form können langweilig wirken, große Unähnlichkeiten die Komposition auseinanderfallen lassen. Ziel jeder Gestaltung ist es, Ähnlichkeiten und Unähnlichkeiten zu verbinden, Gegensätze durch Suchen von Gemeinsamkeiten oder Übergängen „verträglich" zu machen.

## *Oberfläche und Material*

In der Weberei spielt die Materialwahl für die Oberflächenstruktur die wichtigste Rolle. Man kann sich dabei für ein Material entscheiden (siehe Seite 44) oder das Gewebe durch den Wechsel unterschiedlicher Materialien beleben (siehe Seite 58). Garne ergeben eine weichere, Zwirne eine körnigere Struktur. Es spielt eine Rolle, ob die Fäden regelmäßig oder unregelmäßig ausgesponnen sind, glänzen oder stumpf erscheinen, haarig oder glatt aussehen.

Diese „Materialkontraste" kommen am besten zur Geltung, wenn man die Wirkung der Farbe ausschaltet, entweder bei den Naturtönen der Fasern bleibt oder aber alle Materialien in der gleichen Farbe wählt. Schon die natürlichen Farbunterschiede der Fasern bzw. ihre unterschiedliche Farbaufnahme bewirken eine reiche Nuancierung.

## *Oberfläche und Bindung*

Wie das Material im Gewebe zur Geltung kommt, hängt von der Bindung ab. Teppiche in Ripsbindung haben eine ebenmäßige, schachbrettartige Oberfläche. Mit Köper entstehen diagonale Linien. Plastische Wirkungen lassen sich durch Sumak und Knoten erzielen.

Ähnliche Materialien betonen die Bindungswirkung, starke Materialkontraste drängen sie zurück.

## *Grundformen der Flächengestaltung*

Zwei Möglichkeiten bieten sich zur Flächengliederung an: Einmal kann man Einzelformen wie Punkte, Striche, Linien, Streifen, geometrische oder organische Formen auf eine Fläche setzen. Zum anderen teilt man eine Fläche selbst in Einzelformen auf.

Der *Punkt* als kleinstes mögliches Formelement ist, wie der Kreis, in sich geschlossen und hat keine Richtung. Punkte können groß, klein, flach und erhaben sein. Sie treten beim Knüpfen mit Ghiordes- und Perserknoten auf und als punktartige Effekte beim Weben mit zweifarbigem Schuß (siehe Seite 79 ff.).

Reiht man wenige Punkte ohne Zwischenraum aneinander, entsteht ein *Strich,* der sich durch weiteres Verlängern in eine *Linie* überführen läßt.

Bei Linien und Strichen spielt die Richtung eine Rolle. Linien können senkrecht, waagrecht, diagonal und im Kreise verlaufen. Es gibt gerade und gebogene Linien, parallele und sich kreuzende, geordnete und ungeordnete, enge und weite Linienführungen. Die einzelne Linie selbst kann dick, dünn, flach, erhaben, lang, kurz, unbegrenzt, beidseitig oder einseitig begrenzt sein.
Waagrechte Linien ergeben sich beim Ripsweben durch Farb- oder Materialwechsel nach ein oder zwei Schüssen (siehe Seite 83), durch zusätzliches Einlegen von kurzen Farbstreifen (siehe Seite 50). Begrenzte, kurze und lange Linien sind mit den Wirktechniken zu verwirklichen, freiere und plastische Linienführungen mit Sumak und Zwirnbindung (siehe Seite 120).
Bei den flächigen Gestaltungsmitteln spielt der *Streifen* eine besondere Rolle (siehe Seite 59 ff.). Er durchläuft die Fläche in der Regel von einer Seite zur anderen, waagrecht, senkrecht oder diagonal. Im Gegensatz zu den anderen flächigen Formen (Viereck, Dreieck, Kreis) hat er höchstens zwei Nachbarn, und man hat nur die Ausdehnung in eine Richtung zu beachten. Dadurch eignet er sich besonders für die ersten Entwurfsversuche.
Streifen können durch Materialien und Farben, aber auch durch Formen gebildet werden (siehe Seite 110). Die strenge Abgrenzung läßt sich in der Wirkerei und auch beim Knüpfen auflösen (siehe Seite 91), hier müssen die Streifen nicht mehr parallel nebeneinander liegen, sondern können sich kreuzen, die Richtung ändern, unterbrochen sein.
Bei allen anderen Flächenformen muß man die Ausdehnung in mehrere Richtungen beachten, mehrere Nachbarn berücksichtigen, ganz gleich, ob man mit den unveränderten Figuren plant, mit Teilstücken oder verformten Elementen.
Für die *Anordnungen* der Einzelformen auf der Fläche wurde eine Reihe von Möglichkeiten dargestellt (siehe Seite 61 und 65). Gleichmäßige Verteilungen können durch Schwerpunkte in der Farbgebung interessanter gemacht werden. Mehr Spannung erreicht man durch das Bilden von Schwerpunkten und Gruppen. Wiederholungen einzelner Formen und spiegelbildliche Gegenüberstellungen schaffen Verbindungen und Zusammenhänge.
Mit Streifen, Vierecken, Dreiecken und organischen Formen sind flächenfüllende Aufteilungen möglich, die sehr geeignete Vorlagen für textile Umsetzungen darstellen (siehe Seiten 108 und 109).

# *Die Farbe*

Das Thema Farbe ist in vielen Abhandlungen sehr unterschiedlich dargestellt worden. Wichtig für die Gestaltung einer Webarbeit sind die Eigenschaften der Farbe, die man durch Vergleichen gewinnt und durch Gegensatzpaare (Kontraste) verdeutlicht.

## Der Farbe-an-sich-Kontrast

Hierbei geht es um eine Unterscheidung der reinen Farben. Gelb, Rot und Blau repräsentieren die klarsten Unterschiede, die reinsten Farben. Man nennt sie daher auch Primärfarben. Je zwei davon miteinander gemischt, ergeben die Sekundärfarben Orange, Violett, Grün.
Als Mittel der Ordnung innerhalb der Farben hat sich eine Darstellung im Farbkreis eingebürgert. Geht man von den Primärfarben aus und

**Bild 114: Ordnung der Farben im Farbkreis (nach Itten)**

mischt zwischen je zwei Farben drei Stufen aus, die gleich weit voneinander entfernt sind, so findet man einen zwölfteiligen Farbkreis (Bild 114).
Es schärft das Farbverständnis ungemein, wenn man diese Mischung mit Deck- oder Temperafarben einmal selbst ausprobiert. Dabei geht man in ganz kleinen Schritten vor und sucht zwischen je zwei Farben (Gelb und Rot, Rot und Blau, Blau und Gelb) so viele Zwischenstufen wie möglich, um dann die passenden für einen Farbkreis auszuwählen.

## Der Bunt-Unbunt-Kontrast

Im Gegensatz zur möglichst reinen Farbigkeit der bunten Farben sind die unbunten durch Zumischungen getrübt. Diese Trübung läßt sich durch Beigabe von Schwarz und Weiß und ihren Mischungen erreichen, aber auch durch solche Farben, die im Farbkreis möglichst weit entfernt von der zu verändernden Farbe liegen. Die größte Entfernung auf dem Kreis haben Farben, die sich genau gegenüber liegen. Man nennt sie deshalb auch Gegenfarben. Grün ist Gegenfarbe zu Rot, Violett zu Gelb, Blau zu Orange. Entsteht bei der Mischung von Gegenfarben ein reines Grau, so hat man die sogenannte Komplementärfarbe gefunden. Das ist nicht ganz einfach, weil z. B. zu jedem einzelnen Grünton nur jeweils ein ganz bestimmter Rotton diese Mischung ergibt. Sehr interessante Farbmischungen entstehen, wenn man die Komplementärfarbe nicht genau trifft.

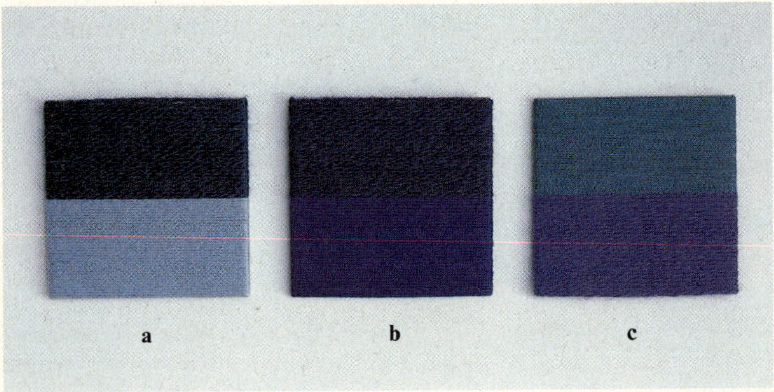


**Bild 115: Die Eigenschaften der Farbe**
**a) hell-dunkel, b) bunt-unbunt, c) warm-kalt**

## Der Hell-Dunkel-Kontrast

Betrachtet man die Farben des Farbkreises, so stellt man unterschiedliche Eigenhelligkeiten der Farben fest. Gelb ist die hellste, Violett die dunkelste Farbe. Durch Zumischung von Weiß kann man jede Farbe aufhellen, durch Schwarz verdunkeln. Dabei können Farbtonveränderungen auftreten. Wenn man Gelb mit Schwarz mischt, entsteht ein grünstichiges Gelb, das sogenannte Oliv. Beim Mischen von Orangerot mit Schwarz erhält man Brauntöne.

**Bild 116: Wickelentwurf – Von Warm nach Kalt, von Bunt nach Unbunt**

## Der Warm-Kalt-Kontrast

Es gibt warme und kalte Farben. Türkis gilt als die kälteste, Orange als die wärmste Farbe. Farben, die im Farbkreis näher bei Orange liegen, sind wärmer als Farben, die näher bei Türkis liegen. Aber auch innerhalb einer Farbe gibt es wärmere und kältere Vertreter, z. B. wärmere Rottöne, die mehr Orange enthalten, und kältere Rottöne, die mehr Türkis oder Grünblau enthalten.

Einige Hilfen zum Umgang mit Farben:

- Grundsätzlich kann man jede Farbe mit jeder anderen kombinieren, es gibt keine nicht zusammenpassenden Farben. Es kommt jedoch auf das „wie" der Kombination an.
- Farbreihenfolge und Farbmenge sind wichtige Elemente einer Farbkomposition. Es ist nicht gleichgültig, welche Farbe neben welcher steht, wie breit die Streifen oder wie groß die Farbflächen sind. Man sollte möglichst viele Möglichkeiten mit einer bestimmten Farbauswahl ausprobieren (siehe auch Bild 117).
- Helle und bunte Farben wirken beherrschender als dunkle und unbunte.

Kontraste nebeneinandergesetzt verstärken sich:

- Hell wirkt neben Dunkel noch heller, Warm neben Kalt noch wärmer.
- Helle Formen erscheinen größer als gleich große dunkle.
- Hell und warm kolorierte Formen heben sich gegenüber dunklen und kalten heraus, sie wirken „vordergründig".
- Beim Nebeneinandersetzen von farbigen Flächen beeinflußt unser Auge die Farbwirkung. Es verlangt zu jeder Farbe die Komplementärfarbe (Simultankontrast). So kann Grün ein Blau rötlicher erscheinen lassen, Violett einem nebenstehenden Rot einen Gelbstich geben. Diese Beeinflussung tritt bei einer Nachbarschaft von unbunten und bunten Farben besonders stark auf.
- Die Primärfarben erzeugen den Eindruck größter Buntheit.
- Schwarz bringt Farben zum „Leuchten", Weiß in der Nachbarschaft stumpft sie etwas ab.
- Auf schwarzem oder weißem Grund lassen sich sehr bunte Farben kombinieren.
- Kleinste Farbtupfer nebeneinandergesetzt erzeugen im Auge den Eindruck der jeweiligen Mischfarben (optische Mischung). Dieses Phänomen sollte man bei Knüpfteppichen beachten.

**Bild 117: Veränderung der Farbreihenfolge und der Farbproportion**

- Kontrastierende Farben lassen sich zusammenbringen, wenn sie wenigstens in einer Eigenschaft übereinstimmen. Gleich helle Farben können sich z. B. in Buntheit und Wärme unterscheiden, gleich bunte in Wärme und Helligkeit.
- Farbübergänge lassen sich über unbunte Farben, über Mischfarben der Ausgangs- und Zielfarbe sowie über die Veränderung der Farbmengen (Schattierung) gestalten.
- Farben können beim Menschen unterschiedliche psychologische Wirkungen hervorrufen: „Das tiefe Blau des Meeres und der fernen Berge entzückt uns, und dasselbe Blau als Innenraum wirkt unheimlich leblos, erschreckend, man wagt kaum zu atmen. ... Ein blauer Himmel voll Sonne wirkt aktiv belebend, der blaue Mondlichthimmel dagegen stimmt passiv und erweckt allerlei unfaßbare Sehnsucht." (Itten, Kunst der Farbe)

## Anregungen zum Finden neuer Farbkombinationen

Die besten Erfahrungen im Umgang mit der Farbe gewinnt man durch eigene Experimente. Farbkasten und Wickelproben ermöglichen eine Vielzahl von Versuchen zum Erkunden der Farbe.

- Durch Mischen verschiedener Farben untereinander, durch Verändern einer Farbe mit Schwarz und Weiß erkennt man, wieviel man mit wenigen Farben machen kann.
- Man füllt postkartengroße Rechtecke mit Tupfern seiner Lieblingsfarbe, läßt aber einige Stellen frei. Diese Lücken füllt man mit verschiedenen Farben, solchen, die man mag, und solchen, die man nicht mag. In jedes Rechteck setzt man aber nur eine zusätzliche Farbe, so daß immer Zweierkombinationen entstehen.

Durch Wickelproben kann man Streifenkompositionen finden.

- Man kombiniert eine Farbe mit Schwarz, Weiß oder Grau.
- Man wickelt Farbübergänge von einer Farbe zur anderen.
- Man verbindet zwei Farben durch unbunte Töne.
- Man versucht Gegenfarben zu kombinieren.
- Man probiert verschiedene Proportionen aus: Wie sieht eine Komposition aus, wenn man viel oder wenig der buntesten oder unbuntesten Farbe nimmt.
- Man verändert die Reihenfolge der Farben.
- Man versucht einzelne Farben an einer bestimmten Stelle zu konzentrieren.

## *Der eigene Entwurf*

Der klassische Entwurf für ein Bildgewebe, für eine Tapisserie, ist der „Karton“, auf dem in Originalgröße alle Trennungslinien zwischen den Farbflächen eingezeichnet sind. Die Farben werden durch Nummern angegeben. Dieses Verfahren ist vorteilhaft, wenn Entwerfer und Ausführer verschiedene Personen sind. Der Entwurf wird bei Webern oder berühmten Manufakturen, wie in Aubusson oder Nürnberg, abgeliefert und dort gewirkt. Der Handwerker befestigt die Kartonzeichnung hinter oder unter der Kette und hat so den Entwurf immer vor Augen.
Die meisten Textilkünstler führen jedoch ihre Ideen selbst aus. Sie möchten sich nicht durch einen zu detaillierten Entwurf einengen lassen, sondern Raum für die Inspiration durch das textile Material während der Arbeit haben. Sie begnügen sich meist mit der Skizzierung der Idee, der Festlegung der Größe, einer Auswahl der Farben und Materialien, die aber bei Bedarf verändert oder ergänzt werden kann.
Für die Gestaltung von Teppichen sind komplizierte Entwurfstechniken weder geeignet noch nötig, weil man hier mit einfachen Flächen- und Farbkompositionen auskommt. Trotzdem ermöglichen einige „Vorlagen“, die beste Gestaltungsidee zu finden.

### Der Wickelstreifen

Der Wickelstreifen legt die Farbfolge, Materialfolge und die Streifenbreite, also die Proportionen, fest. Er kann im Verhältnis 1:1 oder bei genügend Erfahrung in einem kleineren Verhältnis (1:10) angefertigt werden. Er ist nicht nur schnell und materialsparend herzustellen, sondern bietet auch die Möglichkeit zum Experiment. Man kann ihn verändern, leicht mehrere herstellen, vergleichen und auswählen. Gerade das Erproben mehrerer Möglichkeiten und das Auswählen sind die Voraussetzungen für einen guten Entwurf, wie für die Erweiterung des Erfahrungsschatzes. Und noch eins hat der Wickelstreifen z.B. einer Zeichnung voraus: Auf ihm läßt sich die Wirkung unterschiedlicher Materialien darstellen, und man kann mit den Farben arbeiten, die tatsächlich in dem entsprechenden Material auch erhältlich sind. Was nutzt der schönste Farbentwurf, wenn man bei der Ausführung immer wieder Kompromisse machen muß, weil die gewünschten Farben gar nicht oder nicht in der ausgesuchten Garnqualität zu kaufen sind.
Die „Seele“ des Wickelstreifens ist ein fester Karton. Man bekommt ihn in Buchbindereien, die auch die Streifen zuschneiden. Eine Breite von 5 cm reicht aus. Die Länge richtet sich nach der Entwurfsgröße. Beim

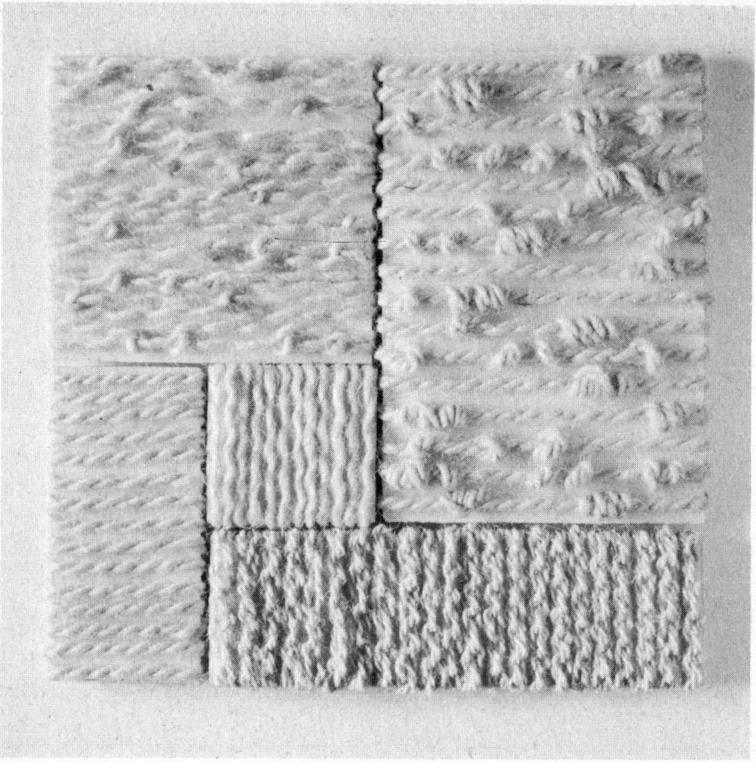

**Bild 118: Aus Vierecken zusammengesetzte Komposition verschiedener Texturen**

Verhältnis 1:1 entspricht 1 cm auf dem Streifen 1 cm auf dem Gewebe. Bei größeren Teppichen legt man die Streifen einfach aneinander, bis die gewünschte Länge erreicht ist. Beim Entwurfsverhältnis 1:10 entspricht 1 cm auf dem Wickelstreifen 10 cm im Gewebe. Dieses Verfahren verlangt ein gewisses Vorstellungsvermögen über die Größenverhältnisse im Original. Man bewickelt die Streifen vollständig und schön eng, weil freie Stellen auf der Pappe den Gesamteindruck beeinflussen. Die Fadenanfänge und -enden befestigt man mit Klebstreifen (Tesakrepp) auf der Rückseite des Pappstreifens.
Beim Planen eines Flickenteppichs legt man die noch unzerrissenen Stoffstücke wechselweise so nebeneinander, bis man die ideale Farbfol-

ge und Streifenbreite gefunden hat. Davon fertigt man sich dann ein Modell im Verhältnis 1:10 an, indem man die verkleinerte Streifenfolge mit Stoffstücken hinter ein Passepartout klebt. Man kann die Stoffstreifen aber auch um Pappstreifen wickeln. Für Flächengliederungen, die sich von geometrischen Formen ableiten, kann man nach einem ähnlichen System die Formen ausschneiden, diese mit Garn umwickeln oder mit Stoff beziehen, um die beste Farb- oder Texturanordnung zu finden (Bild 118). Auch hier erweist sich die Austauschbarkeit der Formen als hilfreich. Um die geeignete Flächenaufteilung zu finden, skizziert man sich am besten einen Vorentwurf.

## Die Collage

Organische Flächengliederungen entwirft man am leichtesten mit einer Collage. Dazu reißt man entweder Papierstücke in entsprechenden Formen aus und klebt sie, wenn eine gute Anordnung gefunden ist, auf Papier, oder man setzt die Formen selbst aus Papierschnitzeln zusammen. Man kann sowohl farbige als auch unterschiedlich bedruckte Papiere verwenden. Mit Hilfe verschiedener Pappen, Alufolie, Packpapier, Papiertaschentüchern, Holz- und Stoffstücken lassen sich die unterschiedlichsten Texturen darstellen.

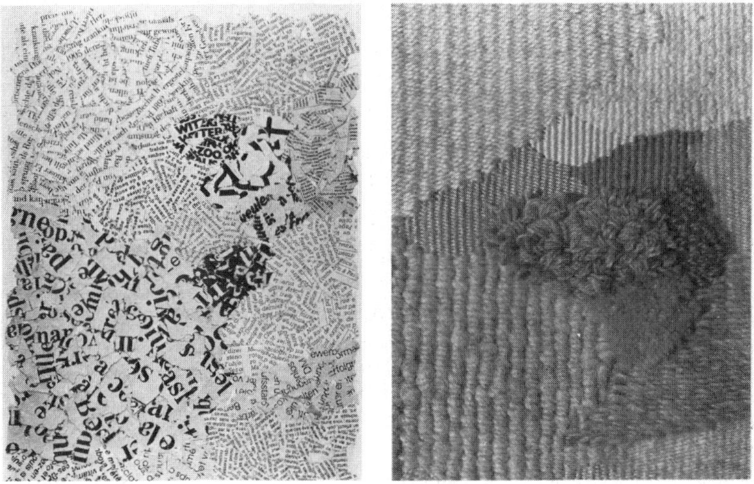

**Bild 119: Collagenentwurf mit verschiedenen Schriften und seine textile Interpretation**

Die Collage eignet sich als Entwurfsmittel für Wirk- und Knüpfteppiche und andere Textiltechniken so gut, weil sie in ihrer freien, etwas groben Darstellungsart viele Möglichkeiten typisch textiler Umsetzungen gestattet.

## Das Aquarell

Die verlaufenden Farbgrenzen des Aquarells eignen sich gut für textile Interpretationen, besonders für Knüpfteppiche. Mit Hilfe von zwei L-förmigen Papierstreifen kann man Ausschnitte suchen und nur diese als Entwurfsidee verwenden.
In diesem Sinn ergeben sich viele Anregungen, wenn man Kunstausstellungen, Fotoausstellungen, Luftbilder, Nahaufnahmen, Bücher über diese Gebiete, Strukturen in der Natur, wie Rinden oder Flechten, mit „textilen Augen" sieht. Maler wie Seurat, Signac, Monet, Klee, Mondrian und viele moderne Künstler, Landschaftsfotos z. B. von W. Ligges, die Luftbildbände von Gerster bieten eine Fülle von Anregungen für textile Arbeiten.

Alle hier vorgestellten Entwurfsmöglichkeiten haben gemeinsam, im Gegensatz zum oben erwähnten „Karton", daß sie viel Freiheit lassen für Ideen, die sich aus dem textilen Material ergeben, daß sie nie zum Imitieren, sondern immer zum Interpretieren der Vorlage auffordern.
Ich wünsche allen Leserinnen und Lesern viel Spaß bei der Suche nach neuen Formen und Farbzusammenstellungen.

**Bild 120: Suchen eines Bildausschnitts als Entwurfsidee**

# Literatur

**Albers, J.:** Interaction of Color, Köln 1970
**Atwater, M.:** Handwoven Rugs, Freeland 1948
**Bausback, P.:** Kelim – Antike orientalische Flachgewebe, München 1983
**Bennett, J.:** Teppiche der Welt, Gütersloh 1978
**Bleckwenn R. u. B. Schwarze:** Gestaltungslehre, Hamburg
**Collingwood, P.:** The Techniques of Rug Weaving, London 1968
**Creager, C.:** Weben, Bonn 1974
**Debétaz-Grüning, E.:** Web- und Knüpftechniken, Bonn 1978
**Dockstader, F.:** Weaving Arts of the North American Indians, New York 1978
**Fredlund, J.:** Mattor med ränder och rutor, Stockholm 1980
**Fredlund, J. u. B. Wiberg:** Trasmattsvävar, Stockholm 1980
**Görlich, F.:** Lehrbriefe für Handweberei, Sindelfingen
**Greiner, I.:** Experimentelles Weben, Baltmannsweiler 1982
**Hinchcliffe, J. a. A. Jeffs:** Lirettes et tapis de chiffons, Paris 1982
**Hofer, A.:** Stoffe 1 und 2, Frankfurt 1977
**Hubel, R.:** Ullsteins Teppichbuch, Frankfurt 1972
**Itten, J.:** Kunst der Farbe, Ravensburg 1975
**Itten, J.:** Gestaltungs- und Formenlehre, Ravensburg 1978
**Joliet-van den Berg, M. u. H.:** Teppiche knüpfen, Freiburg 1981
**Kaiser, U.:** Kreatives Sehen und Werken, Ravensburg 1980
**Kircher, U.:** Schöpferisches Weben, Marburg 1976
**Knight, B.:** Teppichweben, Wolfenbüttel 1982
**Köller, I. u. M. Kunze-Groß:** Form-Muster-Rapport, Baltmannsweiler 1980
**Lundell, L.:** Das große Webbuch, Bern 1978
**Maier, M.:** Elementare Entwurfs- und Gestaltungsprozesse Bd. 3/4, Bern 1977
**Mattera, J.:** Rugweaving, New York 1979
**Nabholz-Kartaschoff u. G. Näf:** Zur Technik von Flachgeweben und Knüpfteppichen, Textil Forum textile 22/84
**Nilsson, A.-S.:** Väv med Trasor och stränggarn, Västeras 1979
**Petsopoulos, Y.:** Der Kelim, München 1980
**Pfannschmidt, B.:** Gestalten mit textilem Material, Wolfenbüttel 1982
**Prassinos, M.:** Der Karton, Ciba Rundschau 3/1973
**Ricard, P.:** Corpus des tapis marocains, Paris 1975
**Tanner, C.:** Indian Arts and Crafts, Arizona 1976
**Textiles Gestalten,** AUWI-Schriftenreihe, Frankfurt 1981
**Textiltechnik** – Textiles Gestalten-Entwerfen-Teil II, Arbeitgeberkreis Gesamttextil, Frankfurt Nr. 27
**Varron, A.:** Der altorientalische Knüpfteppich, Ciba-Rundschau 15/37
**Schneider, G.:** Weben, Ravensburg 1981
**Znamierowski, N.:** Teppiche selbermachen, Ravensburg 1980

# Bezugsquellen

Hier sind nur die wichtigsten Versender bzw. Hersteller aufgeführt.

Effekta-Wollspinnerei, Birkenweg 9, 8940 Memmingen
(Rohwolle, Teppichwolle)

Papst und Reuschel, HWG, Hauptstr. 31, 5252 Engelskirchen-Ründeroth
(Klippan-Webgarne, Glimåkra-Webstühle, Teppichwolle, Stränggarn)

Friedrich Traub, 7065 Winterbach-Manolzweiler
(Rohwolle, Teppichwolle, Kettgarne, Webstühle)

Axel Seehawer, Sonnhalde 9, 7400 Tübingen 1
(Kardwolle, Haargarn)

Textilkunst-Webatelier A. Wehmer-Filiatre, Herrenstr. 32, 7800 Freiburg
(Leclerc-Webstühle, Webgarne)

Textilwerkstatt Beatrijs Sterk, Friedensstr. 5, 3000 Hannover
(Skandinavische Leinen- und Wollgarne, Webstühle von Glimåkra und Lervad), verschickt Anschriften von Einzelhändlern und Kursveranstaltern

Werkladen Textil, A 3,5 6800 Mannheim
(Webgarne von Bergå u. a. Herstellern, verschiedene Webstuhlfabrikate)

Walter Kircher, Postfach 1608, 3550 Marburg
(Webstühle, Handspinnwolle)

Deutsche Wollverwertung GmbH, Finninger Str. 60, 7910 Neu-Ulm
(Kardwolle, Effektlunte)

H. Wimmer, Handweberei, 8215 Pettendorf-Marquartstein
(Rohwolle, Effektlunten)

Linders Handwebstube, Jägersteig 7, 8581 Bindlach
(Teppichwolle, Baumwollstreifen)

SACO S. A., Ch. Valangines 3, CH-Neuchâtel
(Rohwolle in großer Auswahl, Riesenbaumwolle, Dousolide, Stoffstreifen)

Webschule des Schweizer Heimatwerks „Mühlene", CH-8805 Richterswil
(Rohwolle, Teppichwolle, Webkurse von 1 und 3 Monaten, Sommerkurse)

Zürcher & Co. Handwebgarne, CH-Zauggenried
(Teppichwolle Tibesti, TFL 51, T 90, Webwolle von Klippan u. a. Herstellern, Webstühle)

Ruegg Handwebgarne, Tödistr. 52, CH-8039 Zürich
(Handwebgarne, Haargarn)

Lewolaine, Alexandre Fluck, CH-1315 La Sarraz
(Farbige Kardwolle, Handspinnwolle)

F. Burkhard-Dreier AG, CH-3414 Oberburg
(Teppichwolle, Kettgarne, Jute und Hanf in großer Auswahl)

W. Arm, Webereiartikel, CH-5507 Biglen
(Herstellung von Webstühlen und Zubehörteilen)

Im Wäbchäller, K. Häusermann, Gartenstr. 16, CH-5600 Lenzburg
(Stränggarn und dazu passende Stoffstreifen)

Gunnar Anderssons AB, Oxberg, S-9200 Mora, Schweden
(Webzubehör, Teppichschützen)

Julius Koch, Nörrebrogade 52, DK-2200 Kopenhagen
(Webwolle in großer Auswahl, u. a. von Bergå)

Norsk Kunstvevgarn A/S, Arnevik, N-4890 Grimstad
(Kunstvevgarn, Åklegarn, Ryagarn)

The Multiple Fabric Company Limited, Dudley Hill, Bradford BD4 9PD, England
(Kamelhaar, Roßhaar, ungerauhtes Mohair, reines Ziegenhaar)

Möglichkeit zum Teppichweben:
Haus der Handweberei, Obere Vorstadt 12, 7032 Sindelfingen

Sandoz-Farbstoffe
C. Kupper, Streulistr. 35, CH-8032 Zürich (ab 50 g)

CIBA-GEIGY-Farbstoffe
Simon & Werner, 6231 Schwalbach (ab 1 kg)